Carlos Manuel Miranda La O

Maykel Balmaseda Alburquerque

ESCUELA CUBANA DE BOXEO
Aspectos medulares de la preparación técnico-táctica

Título:	ESCUELA CUBANA DE BOXEO: ASPECTOS MEDULARES DE LA PREPARACIÓN TÉCNICO-TÁCTICA.
Autor:	CARLOS MANUEL MIRANDA LA O Y MAYKEL BALMASEDA ALBURQUERQUE
Editorial:	WANCEULEN EDITORIAL DEPORTIVA, S.L. www.wanceulen.com
ISBN:	978-84-9993-338-2

Dep. Legal: SE 1385-2013
©Copyright: WANCEULEN EDITORIAL DEPORTIVA, S.L.
Primera Edición: Año 2013
Impreso en España: Publidisa

Reservados todos los derechos. Queda prohibido reproducir, almacenar en sistemas de recuperación de la información y transmitir parte alguna de esta publicación, cualquiera que sea el medio empleado (electrónico, mecánico, fotocopia, impresión, grabación, etc), sin el permiso de los titulares de los derechos de propiedad intelectual. Cualquier forma de reproducción, distribución, comunicación pública o transformación de esta obra solo puede ser realizada con la autorización de sus titulares, salvo excepción prevista por la ley. Diríjase a CEDRO (Centro Español de Derechos Reprográficos, www.cedro.org) si necesita fotocopiar o escanear algún fragmento de esta obra.

"El sol, no es más necesario, que el establecimiento de la enseñanza elemental científica".

José Martí.

INDICE

Lógica Interna del boxeo 9

Generalidades metodológicas de la enseñanza del boxeo 25

El boxeo en su sentido más amplio 33

Definición del campo táctico del boxeo 39

La táctica en el boxeo 47

La escuela de boxeo como factor de aprendizaje técnico-táctico 55

La escuela de combate en el boxeo 63

Papel del entrenador durante el trabajo de la escuela de boxeo y combate 79

Medios de la preparación especial en la Escuela Cubana de Boxeo 87

Principal medio auxiliar de la preparación técnico-táctico 105

El control del proceso de preparación técnico-táctico 117

Sistema Observacional para el Boxeo (SOBOX) 129

Bibliografía 147

LA LÓGICA INTERNA DEL BOXEO.

La lógica interna se define como "el sistema de rasgos pertinentes de una situación motriz y de las consecuencias que entraña para la realización de la acción motriz correspondiente" (Parlebas, 2001). El boxeo, atendiendo a su estructura funcional o al desarrollo de la misma se clasifica como un deporte de combate (Bouet, 1968; Durand, 1969; Knapp, 1979), entre otros. Parlebas (1981) propone considerar a toda la situación motriz como un sistema de interacción global entre un sujeto actuante, el entorno físico y el/los otro/s participante/s eventuales, identificándose a partir del establecimiento de una interacción motriz (socio-motricidad) por la oposición contra adversarios en la cual el boxeo se inserta en el sistema global de duelos deportivos.

La actividad boxística constituye un duelo individual de interacciones motrices directas en los que la naturaleza del blanco y los medios para alcanzarlos se convierten en factores determinantes (Parlebas, 1988). Por ello, la lógica interna de los combates singulares es una lógica de destrucción real o simbólica del cuerpo humano (Parlebas, 1988). En esta disciplina debido a la corta distancia de guardia, los espacios individuales de interacción y que el espacio-objetivo coincide con el cuerpo del adversario los daños orgánicos pueden aún acarrear graves traumatismos.

Las características de la lógica interna vienen dadas por la propia definición de la acción motriz y están ligadas directamente al sistema de obligaciones impuesto por las reglas del juego deportivo (Parlebas, 2001). El propio autor define que la acción motriz como el proceso de realización de las conductas motrices de uno o varios sujetos que actúan en una situación motriz determinada y, a su vez, especifica que el contrato lúdico es un acuerdo explícito o tácito que vincula en un juego a quienes participan en el mismo, fijando o cambiando su sistema de reglas (Parlebas, 2003). Debemos encauzar el análisis de la descripción de la lógica interna del boxeo, por una parte, al referido proceso conductual y, por otro, al contrato lúdico en que se desarrolla el mismo. Dicha descripción por tanto se expresará a través de la caracterización de los elementos que delimitan la lógica interna del boxeo: espacio, tiempo, objeto y las relaciones entre los participantes.

En los siguientes apartados desarrollaremos las particularidades del boxeo en relación con cada uno de los parámetros estructurales. Estos elementos vienen marcados por el reglamento.

El espacio

Todas las acciones de juego se desarrollan en el interior de un espacio claramente definido y delimitado; todo lo que se produzca fuera de él carecerá de sentido (Parlebas, 1974). La utilización del espacio por parte de los competidores es un factor fundamental que condiciona la actuación en las diferentes situaciones en las que se desarrolla un combate de boxeo.

El espacio en que se desarrolla la actividad competitiva en el boxeo, se denomina ring o cuadrilátero. El mismo debe cumplir determinadas normas establecida por el principal organismo rector de este deporte en el mundo, que es la Asociación Internacional de Boxeo Amateurs (AIBA) y que establecen para todos los eventos boxísticos tanto nacionales como internacionales, las siguientes dimensiones, condiciones y accesorios adjuntos al ring:

Dimensiones: en todos los eventos aprobados por AIBA, el ring de competencia debe tener un tamaño de 6.10 metros cuadrados (20 pies) dentro de la línea de las cuerdas. Para las demás competencias, las dimensiones mínimas dentro de las cuerdas del ring deben ser 4.90 metros cuadrados (16 pies) y las máximas 6.10 metros cuadrados (20 pies). El tamaño del borde fuera de la línea de las cuerdas de cada lado debe ser de 85 cm (33.5 pulgadas) para todos los eventos aprobados por AIBA y por lo menos 46 cm (18 pulgadas) fuera de la línea de las cuerdas en cada lado para las demás competencias, incluyendo lona adicional necesaria para apretar y asegurar.

Plataforma y protección de las esquinas: la plataforma deberá estar construida sólidamente, bien nivelada, sin irregularidades en su superficie ni elementos sobresalientes que obstaculicen los movimientos y deberá tener un margen mínimo o prolongación 0'50 m. por fuera de la línea de las cuerdas. Estará provisto de cuatro postes uno en cada una de las esquinas, forrados o construidos de tal manera que los boxeadores no puedan herirse contra ellos.

La zona interior del ángulo formado por las cuerdas en cada esquina estará protegida con una colchoneta estrecha vertical que cubra al mismo tiempo los ángulos formados por las cuatro cuerdas impidiendo que los competidores puedan golpearse con los mecanismos tensores de las mismas. Las protecciones acolchadas de las esquinas (o rinconeras) se dispondrán de la siguiente manera de acuerdo con la posición de la mesa del jurado: la esquina izquierda del ring, la más próxima a la mesa del jurado será de color rojo, la esquina izquierda más alejada, de color blanco, la esquina derecha más alejada de color azul, la esquina derecha más próxima de color blanco. Por lo tanto, la mesa de oficiales, situada en un lateral del ring, tendrá a su izquierda un rincón rojo y a su derecha uno blanco.

El ring dispondrá de tres escaleras. Dos escaleras en las esquinas roja y azul, opuestas, para los boxeadores y los entrenadores, y otra escalera en la esquina neutral a la derecha de la mesa de oficiales para los árbitros y los médicos.

El piso estará cubierto de fieltro, goma u otro material debidamente aprobado con propiedades similares de elasticidad y un grosor mínimo de 1.3 cm (media pulgada) y máximo de 1.9 cm (3/4 de pulgada), sobre el que se extenderá, tensará y fijará una lona gruesa. La lona debe cubrir toda la superficie de la plataforma y debe estar hecha con material antideslizante.

Condiciones: tendrá cuatro cuerdas, bien estiradas y tensas, de 4 cm. Las cuatro cuerdas deben estar a una altura de la lona de 40.6 cm (16 pulgadas), 71.1 cm (28 pulgadas), 101.6 cm (40 pulgadas) y 132.1 cm (852 pulgadas) respectivamente. Las cuatro cuerdas deben estar unidas entre sí en cada lateral y a intervalos regulares con dos cintas de tela (con una textura parecida a la de la lona) de 3 a 4 cm (1.2-1.6 pulgadas) de ancho, estas cintas no deben deslizarse a lo largo de las cuerdas (ver Imagen 1).

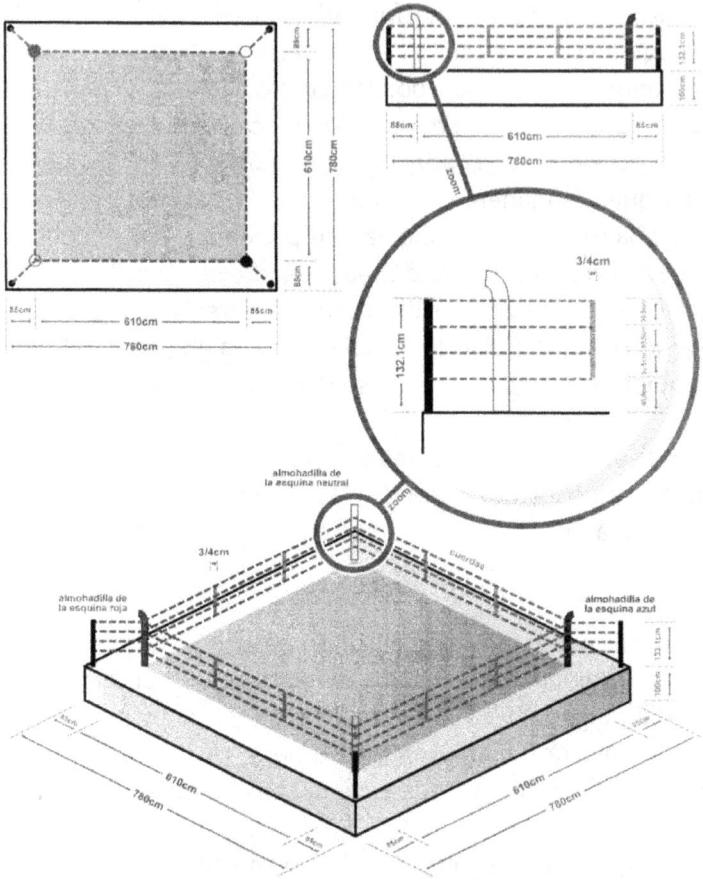

Imagen 1. Representación del ring o cuadrilátero oficial de boxeo.

En todos los eventos aprobados por AIBA, el comité organizador debe utilizar rings fabricados por uno de los proveedores oficiales y autorizados por la AIBA. Todos los eventos aprobados por la AIBA deberán utilizar un cuadrilátero con una etiqueta oficial de aprobación de la AIBA.

Accesorios adjuntos al ring: los siguientes aspectos que se enumerarán a continuación se definen como los accesorios adjuntos al ring, que son requeridos para todos los eventos aprobados por la AIBA:

1. En las dos esquinas neutrales y fuera del ring, se fijará una bolsa de plástico pequeña, donde el jurado médico, los médicos o los Árbitros deben depositar el algodón o las compresas de gasa que se hayan utilizado para curar las hemorragias.

2. Un gong (con martillo) o campana. En caso de que haya dos rings de competencia, uno de ellos tendrá un gong y el otro una campana con sonidos distintivos.
3. Dos taburetes para uso de los boxeadores durante los intervalos entre asaltos.
4. Dos vasos de plástico que se usarán únicamente para beber agua y enjuagarse la boca y, si no hubiese suministro de agua corriente en el área adyacente al ring, dos aerosoles de agua de material plástico y dos botellas pequeñas de plástico con agua para beber. No se permitirá ningún otro tipo de botellas en el ring ni para uso de los boxeadores ni de los entrenadores.
5. Mesas y sillas para los oficiales.
6. Uno (o preferiblemente dos) cronómetros.
7. Un botiquín de primeros auxilios.
8. Un micrófono conectado al sistema de megafonía.
9. Dos pares de guantes reglamentarios (uno de color rojo y otro azul).
10. Una camilla.
11. Dos cascos protectores (uno de color rojo y otro azul).

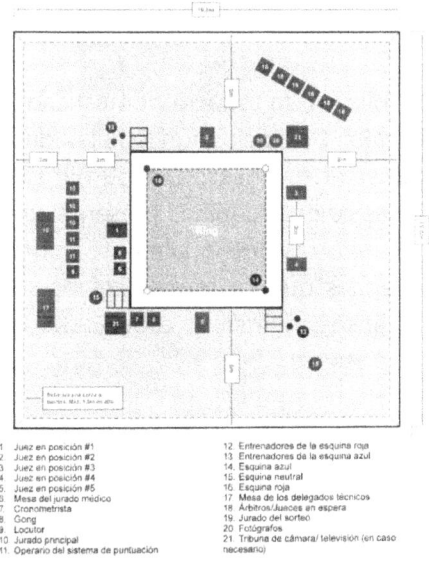

Imagen 2. Representación de la disposición de los participantes y accesorios en torno al ring durante un evento boxístico.

La relación con el medio se aprecia por la información que el sujeto obtiene a partir del medio material a fin de organizar sus conductas motrices (Parlebas, 2001). Si ese entorno es estable y reconocido por el individuo actuante, la cantidad de información que proporciona tiende a ser nula. Si es fluctuante y cargado de imprevistos, la cantidad de información obtenida es considerable y varía dependiendo del nivel de aprendizaje del sujeto y de su grado de familiarización con la situación alcanzando una incertidumbre máxima (Parlebas, 2003).

Atendiendo al criterio de presencia o ausencia de incertidumbre, el espacio de juego se puede distribuir en tres categorías: domesticado, semi-domesticado y salvaje (Parlebas, 2001). El espacio domesticado es aquel donde existen imprevistos e incertidumbre que pudiera proceder de su entorno, quedando anulado la dimensión informacional casi del todo y omitida la descodificación semiótriz. El espacio semi-domesticado o parcialmente adaptado, es aquel donde hay señales (orientación), pero el espacio sigue siendo móvil o cambiante (con incertidumbre) y el actuante necesita leer su entorno y tomar decisiones sobre él. El espacio salvaje aparece cuando el medio no ha sido adaptado y es completamente o en gran parte incierto (cambiante, móvil), donde impera la incertidumbre y, por tanto, el participante debe tener la capacidad de leer indicios pertenecientes a este entorno para poder orientarse y tomar las decisiones necesarias (semiotricidad respecto al medio).

El boxeo se desarrolla en un espacio domesticado. El ring o cuadrilátero presenta una serie de subespacios funcionales diferenciados, fijos e inmóviles (ya que no variar ni su posición, ni su dimensión), estos subespacios se identifican con las cuatro esquinas presentes en el ring, dos de color blanco opuestas entre sí y otras dos igualmente opuestas de colores azul y rojo respectivamente, en las que de forma reglada se ubican los competidores durante los descansos al finalizar cada asalto (así como en las interrupciones durante cada asalto).

El reglamento oficial de AIBA, regula los modos, momentos y situaciones en los que se hacen uso de estos subespacios:

✓ Subespacio #1: este subespacio se identifica con las esquinas roja y azul y en ellas los competidores son atendidos en el minuto de descanso entre asaltos; se acerca el árbitro para que se limpie con agua el protector bucal en caso de caer al suelo durante el combate, o para que el entrenador seque al boxeador si está excesivamente mojado después del minuto de descanso, etc.

✓ Subespacio #2: este subespacio se identifica con las esquinas blancas y en ellas los árbitros orientan a los competidores para que se ubiquen siempre que ocurre una interrupción durante los asaltos, ya sea por causa de una cuenta de protección, penalización, intervención médica, etc.

Un elemento en relación al espacio y la utilización del mismo en este deporte lo ocupa la figura del árbitro, que se encuentra dentro del ring durante todo el combate y, aunque tiende a ser excepcional, se han dado casos en los que los competidores han tropezado, e incluso golpeado a este en la realización de sus funciones, en ambos casos no se percibe ninguna amonestación, ni penalización siempre que sea evidente la involuntariedad de la acción.

En el boxeo se desarrolla un alto nivel de orientación espacial debido a que sus acciones se ejecuten y desarrollan en un área muy limitada por su reglamentación. En tal sentido el boxeador debe conocer la posición que el ocupa en el área correspondiente frente al adversario, desarrollándose una capacidad de valorar con exactitud el espacio en que se encuentra y orientarse en este sentido para tomar una decisión apropiada antes de ser puesto contra las cuerdas o esquinas. De ahí que la orientación espacial constituye una cuestión imprescindible para la excelencia en la gestión boxística y, por extensión, para la obtención de altos resultados competitivos.

El tiempo

En relación al aspecto formal, un combate de boxeo tiene una duración que varía en función de la categoría de edad que fuere, en todas las competencias de AIBA masculinas elite y juveniles masculinas, los combates consistirán en tres asaltos de tres minutos cada uno, con un minuto de descanso entre los asaltos uno-dos y dos-tres. En todas las competencias de AIBA femeninas elite y juveniles femeninas, los combates consistirán en cuatro asaltos de dos minutos cada uno, con un minuto de descanso entre los asaltos uno-dos, dos-tres y tres-cuatro. En todas las competencias de AIBA, junior femeninas y masculinas, los combates consistirán en tres asaltos de dos minutos cada uno, con un minuto de descanso entre los asaltos uno-dos y dos-tres.

Extraordinariamente el árbitro puede pedir al juez cronometrista que detenga el tiempo y dichas razones pueden ser debidas, a causa de un golpe no válido que deja al oponente en desventaja a la hora de reanudar el combate, por una interrupción ajena a la voluntad de los competidores, etc.

El árbitro tiene autoridad para detener las acciones del combate tantas veces como considere para garantizar y hacer aplicar todos los aspectos reglados del combate, indicando de forma mímica la falta cometida por el precepto que fuere en el desarrollo de cualquier acción.

Los competidores tienen además derecho a un minuto de descanso entre asaltos, a tres cuentas de protección en un asalto y hasta un total de cuatro durante todo el combate, durante este tiempo el boxeador dispone de 10 segundos para recuperarse de una acción que puede afectar su estado de conciencia o limitar su capacidad física.

El tiempo está estrechamente vinculado al espacio y al uso que se hace de este. El combate de boxeo transcurre en una relación entre los participantes, esta interacción ocurre en un espacio y un tiempo determinado. Si un boxeador ejecuta un Recto con la mano Anterior a la Cabeza (RAC) a su oponente (relación de comunicación), esta interacción ocurre en un determinado espacio (zona del ring) y en un tiempo (momento) donde los competidores desarrollan sus respectivas acciones motrices deportivas.

La utilización del espacio se relaciona igualmente con el tiempo y desde luego con la interacción de los participantes, concretamente con el uso que se hace del espacio en función de la puntuación y el tiempo límite de duración del combate y los asaltos con una puntuación ganadora sin dudas el competidor evitará el intercambio de golpes y, por tanto, hará un énfasis en el desplazamiento defensivo utilizando todo el espacio disponible para alejarse de su oponente, quien por su parte y condicionado por la gestión defensiva del contrario se ve obligado a cortar el paso con desplazamientos en función ofensiva para buscar el intercambio de golpes que le permita irse arriba en la puntuación.

Esta dinámica tanto de ritmo de combate, como del espacio y su utilización en función del tiempo límite del combate evidencia una relación inversamente proporcional, en la medida que el tiempo transcurre y se acerca al tiempo límite final, el ritmo de combate y la utilización del espacio aumentan debido a las características propias del ejercicio competitivo de este deporte.

Otro elemento a destacar se identifica con la relación entre el tiempo y el ritmo de las acciones. El ritmo de combate se relaciona esencialmente con el número de acciones ofensivas ejecutadas (efectivas o no) por unidad de tiempo (equivalente a tres minutos), por ello el ritmo de combate está determinado por el ritmo (cantidad) de golpeo. Existe un comportamiento ascendente en el ritmo del combate a medida que transcurre el asalto, y llegado los últimos diez segundos del tiempo total del asalto se alcanza su máximo nivel, está tan asumido este esfuerzo final por parte de los competidores (conscientes de que seguidamente pasarán al descanso) que los jueces-cronometristas le hacen saber a los competidores que faltan solo esos diez segundos dando unos golpes en la base metálica del ring, ello es una práctica tanto en eventos nacionales como internacionales.

Una particularidad en este deporte lo constituye la necesidad que tiene el boxeador de recurrir constantemente a una exacta apreciación de la duración de los ejercicios o de los movimientos que tiene que hacer en correspondencia con lo que realiza el contrario, de ahí el desarrollo de la percepción del tiempo. De esta forma el deportista debe poseer una alta agudeza para valorar el tiempo en que transcurren las acciones, así como el tiempo general en que se da el combate.

El objeto

Los guantes de boxeo, son un requisito indispensable, una exigencia para el cumplimiento de la actividad competitiva en el boxeo moderno. Ellos constituyen el centro de atención de los competidores durante la realización del combate dado que mediante ellos se puntúa y por tanto se materializa la efectividad de cada acción ofensiva. Todo gira en torno a la posición de los guantes en el espacio válido de golpeo en términos de concentración de la atención, anticipación a partir de los movimientos de preparación del contrario, etc.

Las características que deben cumplir los guantes de boxeo están determinadas por el reglamento oficial de la Asociación Internacional de Boxeo Amater (AIBA) y en ellas se específica que los mismos deberán:

1- Ser exclusivamente de color azul o rojo y los competidores lo usarán según su respectiva esquina.

2- Pesar cada uno de ellos 10 onzas (284 gramos), con una tolerancia del 5 % hacia arriba o hacia abajo, del cual la parte de cuero no deberá pesar más de la mitad del peso total, y la porción de relleno no deberá pesar menos de la mitad del peso total. El margen del 5 % se aplicaría también hacia bajo y hacia arriba, respectivamente para todas las categorías.

3- El relleno de los guantes no estará ni desplazado ni roto.

4- El pulgar debe estar fijado al cuerpo principal de los guantes de boxeo por la parte superior y con una brecha máxima de 10 milímetros.

5- Los guantes serán de cierre tipo adhesivo velcro. También son admitidos los de cierre de cordones que se atarán en la zona externa (dorso de la muñeca), nunca en la parte interior. En el caso de guantes de cordones serán cubiertos con esparadrapo que podrá rodear la muñeca impidiendo que se abra o suelte.

6- La identificación del evento se puede imprimir y puede ser exhibida en la posición siguiente y con las siguientes medidas: máxima 50 cm² (cincuenta centímetros cuadrados) en la parte frontal superior de cada guante.

7- El logotipo del proveedor oficial puede ser impreso y puede ser exhibido en la posición siguiente y con las siguientes medidas: máxima 50 cm² (cincuenta centímetros cuadrados) en la muñeca de cada guante.

8- Cualquier otra forma de publicidad estará prohibida como y no limitada a un logotipo, marca de diseño, la escritura y el nombre del fabricante, etc.

9- La etiqueta de AIBA debe estar en la parte interna de los guantes (ver Imagen 3).

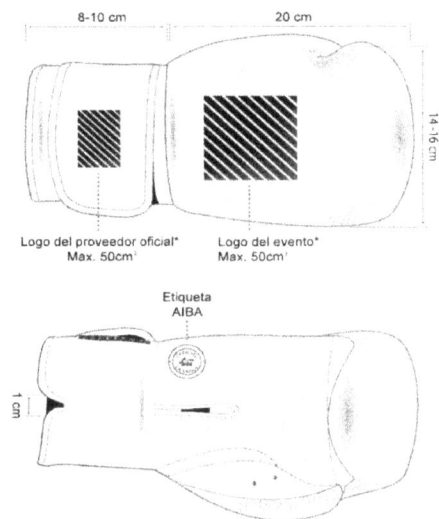

Imagen 3. Representación de los guantes de competición oficial en el boxeo.

Sin duda alguna, en el aspecto formal el uso del guante condiciona a los competidores de manera que estos pueden realizar los diferentes elementos básicos del boxeo que conciernen al aspecto ofensivo: golpes rectos, cruzados y de gancho, así como sus posibles combinaciones.

Así mismo hay un sistema reglamentario que condiciona los modos y el contexto en el que se puede golpear con los guantes, dígase zona válida de golpeo e impacto final del golpe.

Zona válida de golpeo: se acepta como zona válida de golpeo toda la superficie corporal frontal anterior desde el borde superior del fajín del adversario hasta el borde superior del protector de cabeza; incluidos los contornos laterales del abdomen y la cabeza.

Zona del impacto final del golpeo: sin importar el tipo de golpeo que se ejecute, el impacto final del mismo debe hacerse con la base de las falanges en el extremo distal del metacarpiano (ver Imagen 4), lo cual se logrará realizando una ligera flexión palmar de la articulación de la muñeca.

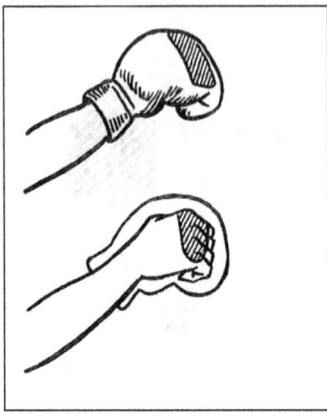

Imagen 4. Imagen de la zona válida y del impacto final del golpe.

Como último aspecto solo agregar que el uso de los guantes con el fin de puntuar (golpear), solo puede realizarse cuando el árbitro da la voz de mando "box", con la cual se da total independencia de movimientos y acciones a los competidores para que boxeen hasta que finalice el asalto correspondiente.

Existen algunas salvedades que se ponen de manifiesto cuando ocurren algunas interrupciones del combate siempre precedidas por la palabra "stop". Durante dichas interrupciones está prohibido usar los guantes para golpear a su oponente, las causas que determinan estas interrupciones son el hecho de cometer algunas de las faltas estipuladas en el reglamento, que de ser reiteradas durante el combate pueden conllevar a penalizaciones.

La relación entre los participantes

El boxeo está incluido dentro de las situaciones motrices directas, que solamente exijen la contracomunicación motriz entre contrincantes (Parlebas, 2001). Esta comunicación de oposición admite formas muy variadas (transmisión antagónica de un objeto, de un rol sociomotor desfavorable, etc.), en el caso de los duelos, los sistemas de tanteo, solo cuentan en sus puntuaciones contracomunicaciones (Parlebas, 2001).

Las interacciones motrices de contracomunicación se establecen en el boxeo a través de un modo universal de ejecución de acciones motrices deportivas concretas, denominados elementos básicos del boxeo. Los elementos básicos se definen como aquellas habilidades más simples cuya relación expresa lo más esencial en el boxeo y constituye el soporte sobre el cual se ejecutan todas las acciones posibles de este deporte. Esta relación constituye el nexo interno e imprescindible de las numerosas acciones (simples, compuestas o combinadas) que conforman el boxeo siendo el reflejo de lo esencial en cualquiera de los niveles de profundidad de dichas acciones.

Los elementos básicos están compuestos por las siguientes habilidades:

- ✓ **Posición de guardia:** es la colocación biomecánica óptima para la realización de cualquier acción técnico-táctica del boxeo, manteniendo una condición defensiva.

- ✓ **Desplazamientos:** son los movimientos de piernas en forma de pasos planos, pasos diagonales y de péndulo, que se ejecuta un sujeto para trasladarse en distintas direcciones en la realización de cualquier acción técnico-táctica del boxeo.

- ✓ **Giros:** son los movimientos que se ejecutan con las piernas para realizar cambios bruscos del sentido de la dirección en la realización de cualquier acción técnico-táctica del boxeo.

- ✓ **Golpes rectos:** son los movimientos ofensivos que se ejecutan tanto a la cabeza como al abdomen describiendo una trayectoria lineal en forma de recto.

- ✓ **Golpes de gancho:** son los movimientos ofensivos que se ejecutan tanto a la cabeza como al abdomen describiendo una trayectoria angular en forma de gancho.

- ✓ **Golpes cruzados:** son los movimientos ofensivos que se ejecutan tanto a la cabeza como al abdomen describiendo una trayectoria angular en forma de cruzado.

- ✓ **Defensas con las extremidades superiores:** son los movimientos que se ejecutan con las manos y los antebrazos, con el objetivo de anular las acciones ofensivas (ataques) del oponente, a través de paradas o desvíos.

- ✓ **Defensas con el tronco:** son los movimientos que se ejecutan con el tronco, con el objetivo de anular las acciones ofensivas (ataques) del oponente, por medio de flexiones, torsiones y circunducciones.

- ✓ **Defensas con las extremidades inferiores:** son los movimientos que se ejecutan con las piernas, con el objetivo de anular las acciones ofensivas (ataques) del oponente, por medio de pasos y giros.

Estos movimientos anteriormente definidos en su integración constituyen toda la gama de posibles acciones en este deporte, dichas acciones quedan subdivididas en acciones ofensivas y acciones defensivas. Las acciones ofensivas, que contemplan los ataques directos, los contra-ataques y ataques combinados y; las defensivas que se comportan como contraparte anuladora de las acciones ofensivas o ataques (los tipos de acciones tanto ofensivas como defensivas serán abordados más adelante).

El conjunto de acciones con las cuales se establecen las interacciones motrices deportivas en este deporte, se deben establecer bajo un estricto reglamento, el cual define los contextos o modos de incumplimiento del mismo en la siguiente relación de faltas:

1. Golpear por debajo del cinturón, halar, zancadilla, golpear con el pie o con la rodilla.
2. Golpear con la cabeza, el hombro, el antebrazo, el codo, apretarle la mano al adversario, frotarle la cara al adversario con el antebrazo o el codo y empujar al adversario. Golpear con el guante abierto, o con la parte interior del guante, o con la muñeca, o el borde de la mano.
3. Golpear al adversario por la espalda y, especialmente, golpearlo por la parte superior de la cabeza o por los riñones.
4. Golpear al adversario aprovechando el rebote provocado con las cuerdas.
5. Golpear al adversario derribado durante la caída, estando en el suelo, o cuando esté incorporándose.
6. Agarrar y golpear, o halar y golpear.
7. Golpear con manifestaciones innecesarias tanto ofensivas como agresivas durante un asalto.
8. Tratar de golpear al adversario inmediatamente después que el árbitro haya ordenado "romper" o "break" o antes de dar un paso atrás.

A través de estas acciones se establecen las relaciones de interacción motriz que tienen como principal finalidad el establecimiento de interacciones de marca en el tiempo limitado del combate. Los sistemas de puntuación en el boxeo no están jerarquizados, todas las acciones ofensivas que impartan en la zona válida de golpeo del oponente tiene un único valor y es de un punto, con excepción de las bonificaciones por amonestaciones, es decir, si un boxeador comete tres veces la misma falta durante el combate se penalizan con dos puntos a favor del oponente.

Como conclusión de la realización del capítulo, podemos afirmar que hemos dado los primeros pasos para definir el boxeo determinando los rasgos por los cuales se caracteriza, identificando los elementos de esa lógica interna que debemos tener en cuenta a la hora de analizar los aspectos técnico-tácticos, como son el espacio, el tiempo, el objeto y la relación entre los participantes.

GENERALIDADES METODOLÓGICAS DE LA ENSEÑANZA DEL BOXEO.

Comenzamos el análisis de los aspectos a tratar en el presente capítulo, planteando y defendiendo la idea de que los elementos básicos constituyen el soporte técnico del proceso metodológico de enseñanza-aprendizaje del boxeo y, por extensión el contenido de dicho proceso.

Hecha esta valoración corresponde definir, por tanto, que es un "elemento básico". Y lo haremos primeramente con la conceptualización de los vocablos que lo conforman, como acercamiento a su comprensión más general de los mismos. El vocablo "básico" se ajusta a dos interpretaciones, por un lado es el fundamento, lo esencial y, por el otro, lo evidente, lo que es obvio y que resulta fácil de entender. Mientras que el término "elemento" adquiere el significado de parte simple integrante de un todo.

En total acuerdo con lo planteado por Copello (2005), "el valor de los elementos básicos como apoyo didáctico para ejecutar, corregir y evaluar las acciones, constituyen sin duda entidades técnicas generalizadoras a partir de las cuales es posible integrar un Deporte como un sistema de habilidades y conocimientos".

A la luz de este análisis, los elementos básicos se definen como aquellas habilidades más simples cuya relación expresa lo más esencial en el boxeo y, constituye el soporte sobre el cual se ejecutan todas las acciones posibles de este deporte. Esta relación constituye el nexo interno e imprescindible de las numerosas acciones que conforman el boxeo siendo el reflejo de lo esencial en cualquiera de los niveles de profundidad de dichas acciones.

Adentrarnos en lo referido a los niveles de profundidad del contenido de la enseñanza del boxeo, sería importante precisar que los mismos persiguen como objetivos, primeramente, aprender la ejecución del elemento básico y posteriormente, cuando se han incorporado dichos elementos básicos como hábitos motores, se encausa dicho aprendizaje a su ejecución con el fin de incrementar el nivel de efectividad de la acción.

Para lograr lo anteriormente planteado en el contexto pedagógico de enseñanza-aprendizaje es imprescindible respetar las fases de asimilación de la acción técnica, los que se detallarán seguidamente:

1. **Familiarización:** esta fase se manifiesta cuando el practicante es capaz de nombrar el elemento que observa, identificarlo, menciona su objeto, lo describe, etc. Este nivel de asimilación se refiere a la premisa necesaria de conocimiento que pedagógicamente se requiere para avanzar a niveles de desarrollo superiores.

2. **Reproducción:** esta fase se alcanza cuando evidentemente el practicante logra una repetición del movimiento con arreglo al modelo técnico, siendo este el primer estadio en términos de ejecución que se alcanza en la conformación del hábito motor.

3. **Aplicación:** esta fase se logra cuando el practicante sobre la base de la automatización del movimiento, concentra la atención en factores externos, cambiantes en diferentes grados y puede en esas condiciones, ya sean adversarios u otra condición externa, realizar la tarea motriz o la ejecución.

4. **Creación:** esta fase se materializa cuando el practicante es capaz de dar soluciones no aprendidas durante la realización de la tarea motriz en el transcurso del proceso de ejecución, siempre que dichas soluciones sean posibles y válidas.

A continuación se resumen las condiciones que rigen el modo de ejecución en las diferentes fases de asimilación de cada uno de los elementos básicos.

Tabla 1. Relaciona las fases de asimilación con las condiciones de ejecución.

Fase de asimilación	Condiciones de ejecución
Familiarización	No ejecución
Reproducción	Ejecución Invariable
Aplicación	Ejecución Variable
Creación	Ejecución Variable

En las dos primeras fases de asimilación de la ejecución de los diferente elementos básicos del boxeo, se forman los hábitos motores y; en las últimas dos fases, es donde se forman las habilidades motoras. Aspectos estos que serán analizados a posteriori:

o   Los **hábitos motores deportivos**, constituyen manifestaciones motrices caracterizadas por una alta automatización con baja participación consciente, lograda por la elevada cantidad de repeticiones que provocan una estabilización en los procesos neuromusculares.

o   Las **habilidades motrices deportivas**, no son más que el empleo racional y consciente de los conocimientos, capacidades, hábitos que se poseen, los que permiten solucionar tareas en condiciones cambiantes con un logro eficiente de rendimiento. En el boxeo el desarrollo y formación de habilidades deportivas se obtiene cuando ese hábito motor establecido, es decir un elemento básico en concreto, se vincula a situaciones tácticas.

Se redimensiona la vital importancia que reviste el cuidado en la formación de los hábitos motores en la actividad físico-deportiva que se aborda, lo cual posibilitara en el practicante una alta automatización y con ello la posibilidad de concentrar la atención en factores externos, también medulares en la realización de los movimientos boxísticos.

Ahora bien, no obstante a lo planteado debemos saber que: con la formación del hábito motor en los practicantes no se capacita a los mismos para el ejercicio de la exigencia de la actividad competitiva del boxeo, por cuanto, el hábito motor no va a resolver los problemas cambiantes que se presentan en esta actividad; esto solo será posible mediante la formación y desarrollo de habilidades motrices, lo que ratifica la dependencia en la jerarquía de valor entre hábitos y habilidades motrices deportivas.

A modo de conclusión podemos precisar, con absoluta certeza, que la formación y desarrollo de las habilidades motrices deportivas en el proceso pedagógico enseñanza-aprendizaje transcurre por las siguientes etapas:

1. **Dominio inicial de los fundamentos como un todo:** esta etapa del aprendizaje está dirigida a la representación correcta del movimiento técnico, en ello juega un papel determinante la percepción visual primero y después la motriz, pasando por una complementaria y exhaustiva comprensión teórica de dicho elemento básico. En

esta fase se acepta la ejecución aunque con marcadas imperfecciones.

2. **Diferenciación, apropiación e integración de las partes del gesto como un todo:** en esta etapa se deben eliminar los movimientos innecesarios (fundamentalmente asociados a los movimientos de preparación), se automatizan los movimientos o acciones y se forma una actitud consciente hacia el dominio de la habilidad.

3. **Consolidación y profundización de la habilidad:** en esta etapa se logra una depuración de los detalles con una ejecución coordinada de la acción motriz, caracterizada por la rapidez y exactitud de los movimientos, manifestando una asimilación sólida, consciente y duradera de la habilidad. Se perfeccionan procedimientos de control sensorial propioceptivos y de regulación temperó-espacial y dinámica.

Hechas estas aclaraciones necesarias a la hora de asumir la visión del proceso de enseñanza de los elementos básicos del boxeo, exponemos finalmente dichos elementos, respetando el orden en que deben ser impartidos.

Tabla 2. Elementos básicos del boxeo y su orden de enseñanza.

Elementos Básicos del Boxeo
Posición de Guardia
Desplazamientos
Giros
Golpes Rectos
Golpes de Ganchos
Golpes Cruzados (swing)
Defensas con las extremidades superiores
Defensas con el Tronco
Defensa con las extremidades inferiores

Para facilitar la apropiación del contenido de la enseñanza del boxeo por parte de los practicantes, es indispensable que el profesor y/o entrenador se apoye en un sistema de principios con esta finalidad. A continuación los autores ponen a su consideración los que se defienden:

Sistema de principios dirigidos a la enseñanza

1. Sensoperceptual: cualquier proceso consciente de conocimiento comienza por la percepción del fenómeno estudiado. El entrenador organizará la metodología de la enseñanza del deporte, aplicada sobre la base de crear el máximo de información posible, para que participe en el proceso la mayor cantidad de analizadores corticales posibles.

El entrenador ha de comenzar con la demostración y explicación de la ejecución técnica del movimiento, para luego permitir que el alumno ejecute la acción y que sienta el ritmo y la participación neurológica correspondiente. A través de la detección y corrección de errores, el profesor y/o entrenador irá reforzando la información con vistas a lograr la adecuada posición del cuerpo o sus partes, la orientación espacio temporal y la dirección del movimiento.

2. Sistematización del contenido: el entrenamiento deportivo o la educación física requiere que se realice con continuidad, mediante un sistema determinado. El aprendizaje y perfeccionamiento ya sea técnico, táctico, etc. se logra únicamente cuando se cumple el principio de la sistematización.

El aprendizaje y perfeccionamiento técnico, está íntimamente ligado al proceso de formación de nuevos estereotipos dinámicos motores y una de las condiciones importantes para su formación es la ejecución reiterada de las acciones motrices. Para abordar con éxito esta labor, hay que organizar el proceso de forma que: 1) Asegure la ejecución reiterada por un espacio de tiempo prolongado; 2) En determinado momento el modo de ejecución debe modificarse de una condición estándar a variable; 3) Y que se cumpla la organización del contenido de la enseñanza anteriormente precisado.

3. Asequibilidad del contenido: este principio requiere asignarle al sujeto aquellas tareas que pueda asimilar o cumplir en el momento adecuado, lo que se logrará determinando el grado óptimo de dificultad del mismo. La capacidad o habilidad motriz del desarrollo es la contradicción entre las posibilidades del individuo y las exigencias del medio.

Es necesario precisar que el grado óptimo de dificultad puede manifestarse negativamente en dos formas, que la tarea seleccionada resulte fácil o extremadamente difícil lo que, origina en cualquiera de los casos el lento dominio y retención del aprendizaje, pobre desarrollo de habilidades, hábitos y destrezas de la capacidad coordinativa, además de la pérdida de confianza, motivación e interés por parte del practicante.

En el plano dialéctico-metodológico, pueden sintetizarse soluciones para dicho fin, considerando pedagógicamente reglas de la praxis de obligatorio cumplimiento en el proceso de enseñanza-aprendizaje de los elementos básicos del boxeo, y que sugieren abordar dicho contenido:

- De lo simple a lo complejo.
- De lo fácil a lo difícil.
- De lo conocido a lo desconocido.
- De lo concreto a lo abstracto.

4. Atención a las diferencias individuales en la asimilación del contenido: este principio tiene su fundamento en la regularidad presente en el proceso de enseñanza-aprendizaje, que podemos definir como la regularidad de la interrelación de la colectividad con las individualidades.

Si acertamos, sin la menor duda, que todos somos diferentes, no es menos difícil acertar por tanto, que todos no aprenden a un mismo ritmo, por lo que el profesor y/o entrenador se ve obligado a introducir medidas de carácter pedagógico y metodológico que permitan atender dichas diferencias y particularidades de aprendizaje de cada practicante. Lo anteriormente dicho no puede atentar contra el trabajo colectivo, por lo que esta atención se debe dar con un carácter colectivo.

Para dar atención a las características individuales, dentro del carácter colectivo del proceso enseñanza-aprendizaje, hay que proceder teniendo en cuenta los siguientes aspectos: conocer cabalmente a cada uno de los estudiantes (dificultades, posibilidades, intereses, etc.) y, prever las distintas formas de atención a las particularidades individuales (tareas, consultas, formulación de preguntas, etc.). En resumen que para que tenga éxito el aprendizaje, el profesor y/o entrenador debe atender las diferencias individuales y, a la vez, aprovechar todas las posibilidades de desarrollo que existen en el colectivo.

5. Carácter directivo del profesor-entrenador en el proceso: este principio redimensiona el papel rector del profesor y/o entrenador en lo referente a aspectos medulares del proceso como: 1) Asegurar el carácter consciente del trabajo en los practicantes, explicándoles el objetivo, la necesidad y la manera de realizar las tareas comunes; 2) Ofrecer a los alumnos en cada sesión la oportunidad de pensar y actuar por sí mismos, sobre todo, para realizar una actividad creadora durante la solución de situaciones cambiantes; 3) Garantizar el carácter educativo de la clase, en conjunto con la rectificación de errores.

Precisados estos aspectos metodológicos sería conveniente sugerir que dentro del proceso de enseñanza de los diferentes tipos de golpes a los mismos se le asigne una simbología y clave numérica, cuestión esta de incalculable valor a la hora de dar orientaciones concretas y encriptadas durante la realización del ejercicio competitivo. Los diferentes movimientos de golpeo, se clasifican dada su estructura técnica (trayectoria que describe la trayectoria del golpe) en: Golpes rectos; Golpes de gancho y Golpes cruzados o "swing", los que a su vez de subdividen atendiendo a la mano que ejecuta y, la finalidad del golpe respectivamente en, golpe con la mano anterior o posterior y golpes a la cabeza o al abdomen, como se resume en la tabla que se ofrece, en conjunto con su simbología y clave numérica.

Tabla 3. Orden de enseñanza de los elementos básicos de golpeo, su simbología y clave numérica.

Golpes	Simbología	Clave numérica
Recto con la mano Anterior a la Cabeza	RAC	1
Recto con la mano Anterior al Abdomen	RAA	2
Recto con la mano Posterior a la Cabeza	RPC	3
Recto con la mano Posterior al Abdomen	RPA	4
Gancho con la mano Anterior a la Cabeza	GAC	5
Gancho con la mano Anterior al Abdomen	GAA	6
Gancho con la mano Posterior a la Cabeza	GPC	7
Gancho con la mano Posterior al Abdomen	GPA	8
Cruzado con la mano Anterior a la Cabeza	CAC	9
Cruzado con la mano Anterior al Abdomen	CAA	10
Cruzado con la mano Posterior a la Cabeza	CPC	11
Cruzado con la mano Posterior al Abdomen	CPA	12

Con todo lo expuesto se ofrecen los criterios metodológicos fundamentales para asumir una concepción generalizadora de la enseñanza del boxeo con acierto pedagógico. Para la profundización y el estudio de forma detallada cada uno de los elementos básicos del boxeo se sugiere consultar la obra: **ESCUELA CUBANA DE BOXEO / Su enseñanza y preparación técnica**.

EL BOXEO EN SU SENTIDO MÁS AMPLIO.

El boxeo es un deporte de combate caracterizado por el enfrentamiento en la superación recíproca de dos competidores. En esta disciplina deportiva la victoria se alcanza mediante la aplicación de un conjunto de acciones técnico-tácticas determinadas por una precisa reglamentación oficial. El objetivo final del boxeo es golpear al adversario de forma efectiva, procurando mantener una condición defensiva que garantice no ser golpeado.

El boxeo se basa en una serie de movimientos individuales que al encadenarlos forman movimientos más complejos, más amplios, de mayor dinamismo y variedad, partiendo de este punto de vista el boxeo podemos verlo como dos vertientes: una con movimientos sencillos y otra complejos, esta última con más gamas de colores y matices expliquémonos...Si le decimos a un atleta que realice un Recto de la mano Anterior a la Cabeza (RAC) inmediatamente ejecutará un recto hacia delante y estaría ejecutando un recto del modo más sencillo, ¿pero es esa sola la manera que existe de lanzar un RAC?, pues no, pudiera haberlo realizado con paso atrás, con torsión del tronco, con paso lateral, con giro, al encuentro, con una finta, etc., entonces este RAC estaría lleno de matices; lo mismo sucedería si nos referimos al Recto de la mano Posterior a la Cabeza (RPC) que tendría las variantes de encuentro, de riposta, con paso atrás, con paso diagonal, sacando el pie izquierdo de lugar, en fin, si usamos la primera forma estaríamos cumpliendo formalmente un trabajo, pero faltaría la belleza e inteligencia, la diversidad de acciones tantos ofensivas como defensivas.

El objetivo de este capítulo es llamar la atención de atletas y entrenadores sobre la importancia que tiene para estos el asumir el deporte del boxeo con esta amplia gama de opciones, desde que se empieza a enseñar se debe mostrar al atleta el boxeo con un sentido más amplio de acciones ofensivas y defensivas, enfatizando en la importancia que tiene el crear nuevas formas de trabajo basadas en la amplitud y variabilidad de opciones.

Mientras más amplio son los conocimientos del profesor y más dominio tiene de la técnica y la táctica de combate mayor será el aporte que le dará a la complementación de las tareas del entrenamiento, el sentido más amplio es solo saber aumentar las opciones de ataques y defensas partiendo de acciones simples de combate, pero debemos pensar también en las situaciones del combate ya que una combinación de dos golpes no la ejecutamos igual en el entorno del centro del ring que teniendo al contrario contra las cuerdas y/o las esquinas, en el entorno del centro del ring primaría la velocidad y contra las cuerdas y/o las esquinas la fuerza, de lo que se infiere que la situación de los boxeadores en el ring hace cambiar la forma del ataque, como hace cambiar las defensas, pues el *sentido amplio*, no solo es funcional para los ataques, pues si tengo una gran variedad de opciones defensivas tendré una gran variedad de posibles contra-ataques.

El *sentido amplio* es un concepto sobre el cual recae todos los conocimientos técnicos, tácticos y estratégicos del entrenador pues comprende además de lo técnico, táctico, estratégico, las situaciones propias del combate, tanto las más sencillas como las más complejas, ejemplo:

1. Situación espacial (zona del ring) en la que me encuentro al momento del ataque o de la defensa.
2. Si estoy ganando o perdiendo.
3. Si mi contrario es zurdo o derecho.
4. Si mi contrario es fuerte o débil.
5. Si mi contrario está agotado, o por el contrario el agotado soy yo.

Son muchas las situaciones y cada una tiene una respuesta técnico-táctica la cual debe ser entrenada y solucionada en los entrenamientos previos al combate, de la respuesta que seamos capaces de dar y de la situación problemica que seamos capaces de crearle al atleta durante la preparación dependerá el resultado del combate.

El *sentido amplio* defiende la idea más real y dinámica de entrenar pues condiciona la creación y solución de los problemas que el atleta encontrará durante el combate.

Pero en el sentido amplio no solo encontraremos solución para todos los problemas que se presenten en el combate o la preparación, es también cuando el atleta tiene un problema personal o una lesión, es para la vida como para el deporte, el sentido amplio, no es una técnica ni una combinación de ellas, es un concepto para crear un boxeador que sea capaz de trabajar todas las distancias, de trabajar a base de fuerza o de velocidad, aquel que es capaz de enfrentar cualquier tipo de oponente, porque su arsenal técnico-táctico está preparado para solucionar cualquier problema que se presente, si no somos capaces de planificar y entrenar con este sentido amplio estamos limitando las capacidades de desarrollo de los talentos deportivos, y formaremos atletas muy simples en su accionar técnico-táctico, además de previsibles pues sus combates no difieren unos de otros, cuando el atleta domina y desarrolla una gestión boxística desde un sentido amplio es capaz de cambiar la distancia de combate, el ritmo, la fortaleza de sus golpes, la táctica de combate, en fin, hace que se convierta en muchos boxeadores en un solo combate.

Crear situaciones de todo tipo tanto al ataque, como a la defensa en los entrenamientos hace que tenga que buscar soluciones inmediatas y con un determinado nivel de efectividad. Cuando entendemos el boxeo con su sentido amplio hablamos, retomando el ejemplo del RAC, de cuál de los RAC que tengo entrenados es efectivo en esta situación del combate en la que me encuentro, pues este recto, puede ser diferente en cuanto a la fuerza, rapidez, ángulo de ataque, cantidad e intención posterior al ataque, etc.

Es pues el sentido amplio el concepto en el que se apoya el boxeo técnico-táctico, es decir, el boxeo inteligente, no podemos hablar de técnica, táctica, ni estrategia sin hablar del sentido amplio que es el eslabón primario en el proceso de planificación de la enseñanza de todos los elementos básicos que sean capaces de aprender nuestros atletas y de enseñar planificadamente nuestros entrenadores.

Es muy importante cuando hablamos de la comprensión táctica analizar un elemento primordial y que está relacionada con la intención posterior a la acción que se ejecuta, pues si decimos:

1) Finta: la intención posterior es ejecutar un ataque.
2) Defensa: la intención posterior es realizar un contra-ataque o anular el ataque rival.
3) Ataque: la intención posterior es continuar el ataque.
4) Movimientos de piernas (desplazamientos): intención posterior es realizar un contra-ataque o evadir del ataque rival.

La intención posterior es el pensamiento que se produce después de visualizar y analizar la posibilidad de que ese objetivo posterior sea posible de lograr, sólo entonces se toma la decisión de ejecutarlo.

Cuando el entrenador trabaja la escuela de boxeo se dan los primeros pasos en abrir el arcoíris de posibilidades que nos brinda una combinación de golpes.

Al explicar el trabajo con la combinación, por ejemplo, más básica del boxeo dígase con los golpes rectos de la mano anterior y posterior del boxeador, cuántas opciones nos brinda, veamos:

1- Ataque con el Recto de la mano Anterior a la Cabeza (RAC) y Recto de la mano Posterior a la Cabeza (RPC).
2- Recto de la mano Anterior al Abdomen (RAA) y Recto de la mano Posterior a la Cabeza (RPC).
3- Recto de la mano Posterior a la Cabeza (RPC) y Recto de la mano Anterior a la Cabeza (RAC).
4- Recto de la mano Posterior al Abdomen (RPA) y Recto de la mano Anterior a la Cabeza (RAC).
5- Recto de la mano Anterior a la Cabeza (RAC), paso atrás, y Recto de la mano Posterior a la Cabeza (RPC).
6- Recto de la mano Anterior a la Cabeza (RAC) con paso atrás y golpeo simultáneo con el Recto de la mano Posterior a la Cabeza (RPC).
7- Recto de la mano Anterior a la Cabeza (RAC) con paso diagonal y Recto de la mano Posterior a la Cabeza (RPC).
8- Dos Rectos de la mano Anterior a la Cabeza (RAC) y Recto de la mano Posterior a la Cabeza (RPC).
9- Recto de la mano Posterior a la Cabeza (RPC), Recto de la mano Anterior a la Cabeza (RAC) y Recto de la mano Posterior a la Cabeza (RPC).
10- Recto de la mano Anterior a la Cabeza (RAC), paso lateral, y Recto de la mano Posterior a la Cabeza (RPC).

En este caso sólo estamos hablando de un ataque que se convierte en muchos ataques, lo mismo sucedería si nos referimos a una defensa y pongamos por ejemplo la Defensa de Parada con la Palma de la Mano Posterior (DPPMP), cuántas variantes de contra-ataque (c/a) puede tener:

a) DPPMP y c/a con Recto de la mano Anterior a la Cabeza (RAC).
b) DPPMP y c/a con Cruzado de la mano Anterior a la Cabeza (CAC).
c) DPPMP y c/a con Gancho de la mano Anterior a la Cabeza (GAC).
d) DPPMP y c/a con Recto de la mano Posterior a la Cabeza (RPC).

e) DPPMP y c/a con Gancho de la mano Anterior al Abdomen (GAA).
f) DPPMP y c/a con Recto de la mano Anterior a la Cabeza (RAC) y Recto de la mano Posterior a la Cabeza (RPC).
g) DPPMP y c/a con Recto de la mano Posterior a la Cabeza (RPC) y Cruzado de la mano Anterior a la Cabeza (CAC).
h) DPPMP y c/a con Cruzado de la mano Anterior a la Cabeza (CAC) y Recto de la mano Posterior a la Cabeza (RPC).
i) DPPMP y c/a con dos Rectos de la mano Anterior a la Cabeza (RAC) y Recto de la mano Posterior a la Cabeza (RPC).
j) DPPMP y c/a con Recto de la mano Anterior a la Cabeza (RAC), Recto de la mano Posterior a la Cabeza (RPC) y Recto de la mano Anterior a la Cabeza (RAC).

Cada una de estas formas de ataques es una opción táctica, que precedida de la enseñanza técnica y de acuerdo al nivel de asimilación y experiencia de nuestros atletas nos permite trazar una estrategia de combate muy amplia.

Pero a estos trabajos podemos añadirles los contrastes entre velocidad y fuerza, ejemplo: Recto de la mano Anterior a la Cabeza (RAC) rápido y Recto de la mano Posterior a la Cabeza (RPC) de fuerza, RPC lento y RAC de rápido, cuando cambiamos el ángulo de ataque del RAC, es decir que estas 10 formas se pueden convertir en muchas más y el contrario estaría en un gran problema por la diversidad de formas de ataques que entorpecerían su gestión tanto defensiva, de contra-ataques, etc.

El sentido amplio nos conduce a una planificación más profunda de los entrenamientos, en especial de la escuela de boxeo y de combate, hace que el atleta al aprender una nueva forma de ataque vea una nueva situación de combate y una solución a un futuro problema que ya no lo será.

El sentido amplio es un concepto de trabajo que busca darle al componente técnico-táctico de la preparación del deportista, la orientación, exigencia y funcionabilidad que la gestión boxística contemporánea demanda.

DEFINICIÓN DEL CAMPO TÁCTICO DEL BOXEO.

La preparación técnico-táctica del boxeo, se inicia una vez que se ha concluido la enseñanza técnica de los diferentes elementos básicos y, el practicante tiene creado un estereotipo dinámico de cada uno de estos elementos, por tanto, establecidos como hábitos motores. Por lo cual se asume que el hábito motor es el producto terminal del proceso de enseñanza de este deporte. La terminación de esta fase, marca el inicio de otra jerárquicamente superior, dado que el practicante enfrentará condiciones de ejecución técnica en contexto de aplicación y no de mera reproducción como había sido hasta ese momento.

La formación y desarrollo de habilidades deportivas, dígase el empleo racional y consciente de los hábitos motores en la solución de tareas en condiciones cambiantes con un logro eficiente de rendimiento; constituyen el principal objetivo de la preparación técnica. Entiéndase entonces que, esta nueva fase exigirá de cada practicante la ejecución variable y combinada de los diferentes elementos básicos ya aprendidos en función del contenido del campo táctico que se aborde.

El contenido del campo táctico del boxeo es el aspecto primordial sin el cual resultaría en extremo complicado organizar de forma sistemática la preparación tanto técnica como táctica.

Este proceso metodológico dirigido a la asimilación de las acciones técnicas, parte de la modelación de situaciones tácticas predeterminadas que se enmarcan en un contexto dado. Sin embargo, no pueden limitarse a la solución de situaciones aisladas, sino al desarrollo de habilidades encaminadas a resolver situaciones cambiantes e inesperadas. Luego, la técnica se comporta como el recurso motor en que se apoya la táctica. Viendo la técnica como las formas de las acciones y a la táctica como la conducta que las gesta, la técnica en un momento dado podría ser muy relevante, pero la táctica es más esencial.

Siendo así, al organizar y clasificar el contenido para determinar los niveles de sistematicidad de las diferentes acciones de este deporte, las técnicas son también estudiadas bajo el prisma de las acciones tácticas en las cuales ellas tienen lugar. De esta forma, surge una nueva sistematización, es decir, una sistematización bajo un enfoque situacional. Entendemos por categorías situacionales en el boxeo, cada uno de los niveles que en orden jerárquico, son agrupados los tipos de situaciones en las cuales se llevan a cabo las acciones que conforman el campo táctico.

En cualquiera de los deportes en los que el cumplimiento de la exigencia de la actividad competitiva está determinada por el desempeño táctico, entre los que se encuentra el boxeo, se distinguen dos grupos fundamentales de categorías situacionales: Las ofensivas, que contemplan los ataques directos, los contra-ataques y ataques combinados y; las defensivas que se comportan como contraparte de los ataques directos. Seguidamente se esquematiza la organización del contenido sobre la base de la categorización situacional de las acciones tácticas (Copello, 2005) los que constituyen a su vez subsistemas integrantes del campo táctico.

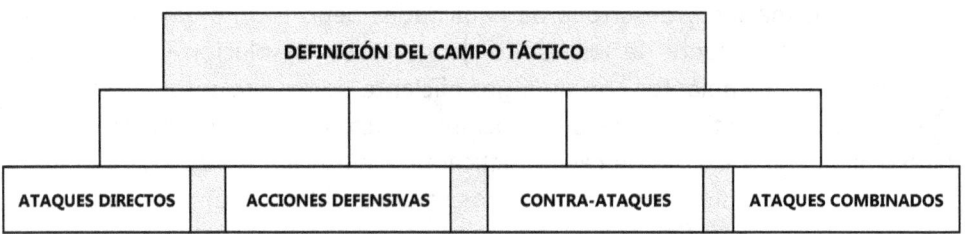

Esquema 1. Definición del campo táctico del boxeo.

Esta estructuración del contenido condensa no solo todo el universo de elementos técnicos del deporte analizado, sino que lo sistematiza y permite una forma novedosa de orientación del trabajo didáctico. Además, expresa los niveles de organización de la materia y constituye una forma objetiva de estar en correspondencia con la finalidad del deporte: La efectividad de las acciones tácticas.

A continuación conceptualizaremos y ofreceremos una clasificación de los referidos aspectos del campo táctico:

Ataques directos: son aquellas acciones ofensivas que se ejecutan en una misma relación temporal. Entre las diferentes formas de ataque existentes en el boxeo, el ataque directo es la más simple. Los ataques directos se categorizan por la cantidad y las variantes de elementos técnicos que intervengan en la acción ofensiva. Si el gesto es único y se ejecuta en la misma relación temporal, se trata de un ataque directo, con independencia de cualquier otro criterio. Existen, según su categorización una subdivisión de ataques directos: 1) Simples y Compuestos; 2) Combinación de elementos técnicos que intervienen en la acción ofensiva. Estos aspectos que quedan esquematizados a continuación:

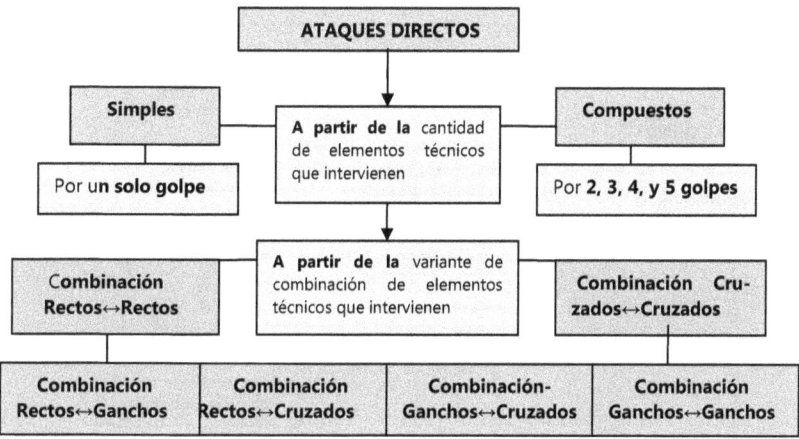

Esquema 2. Ataques director, criterios clasificatorios, clasificación y modo de subclasificación.

Acciones defensivas: las acciones defensivas tienen como objetivo anular las acciones ofensivas (ataques) del oponente. Cuando este hecho se produce a partir de la esquiva, el ejecutante evade la acción ofensiva del oponente; o de afrontamiento, si por el contrario se opone a esta. Las acciones defensivas en general son más breves y constan con un sistema de movimientos reducido con respecto a las acciones ofensivas, sus características cinemáticas y dinámicas están condicionadas por las características del ataque al que se oponen, por eso puede haber tantas combinaciones defensivas, como tantas formas de ataques sean ejecutadas. Seguidamente se ofrece a través de un esquema los deferentes criterios que categorizan las diferentes acciones defensivas fundamentales del boxeo.

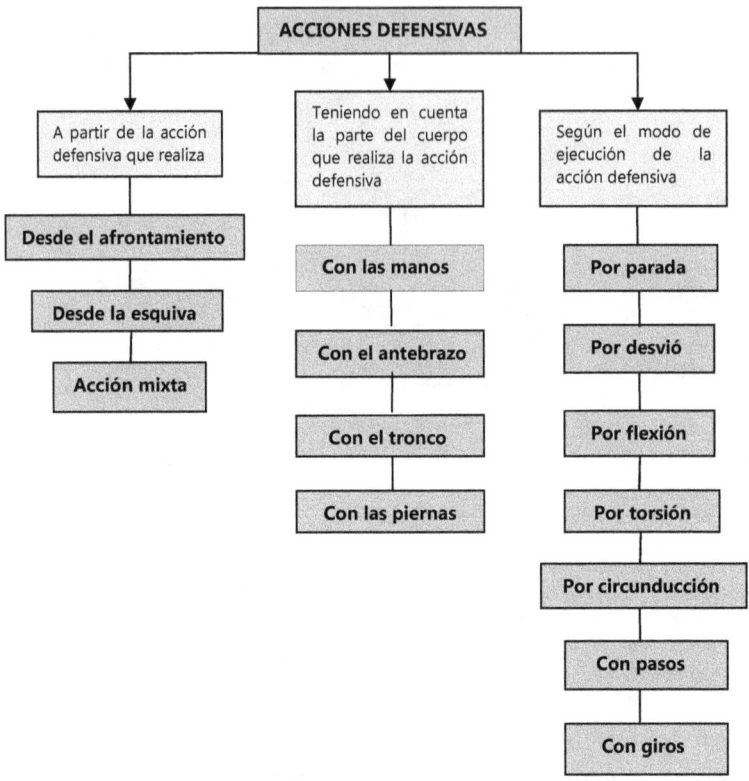

Esquema 3. Acciones defensivas, criterios clasificatorios, clasificación y modo de subclasificación.

Contra-ataques: son las acciones ofensivas (ataques) que ejecutan a partir de la acción defensiva que se realiza ante cualquier ataque del oponente. Los contra-ataques deben entenderse ante todo como el tránsito inmediato de la defensa a la ofensiva. Dada las condiciones de este tránsito, en una ejecución ideal, la parte final de la estructura de la acción defensiva se funde con el inicio de la acción ofensiva seleccionada para el contra-ataque, combinando su objetivo de anular los efectos del ataque del adversario, con el de preparar las condiciones para la ejecución del golpeo, de ahí que en términos de estructura de la técnica, el contra-ataque sea una acción combinada.

La acción de contra-ataque incluye tres elementos bien definidos:

1. El ataque inicial realizado por el adversario.

2. La acción defensiva, dirigida a anular los movimientos que componen el ataque inicial del adversario.
3. Y la acción ofensiva (ataque) escogida como respuesta y, con la cual se la da cumplimiento al objetivo de la acción analizada.

Es necesario aclarar que los diferentes golpes fundamentales del boxeo pueden ejecutarse desde una variante de "encuentro", es decir en la que el golpe del practicante se ejecuta simultáneamente a la del oponente, por tanto en estos casos no hay dos fases o momentos separados en el que se defiende y golpea, sino que ambas fases o momentos se sintetizan en un único movimiento. Luego los contra-ataques según su naturaleza pueden ser de "riposta" o de "encuentro". Seguidamente aparecerán en su orden los golpes al encuentro del RAC, RPC, RAA, RPA, CAC, CPC, CAA, CPA, GAC, GPC, GAA y GPC.

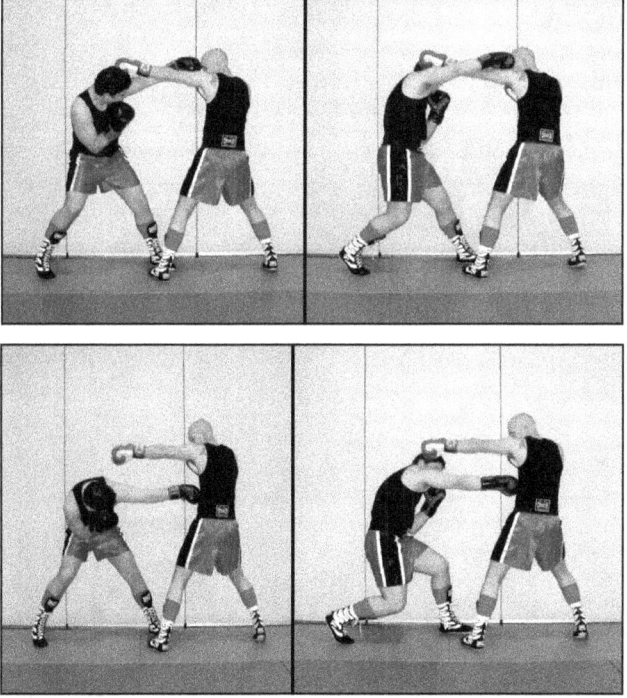

Fig. 1. Imágenes de los golpes rectos al "encuentro" en el plano sagital.

Fig. 2. Imágenes de los golpes cruzados al "encuentro" en el plano sagital.

Fig. 3. Imágenes de los golpes de gancho al "encuentro" en el plano sagital.

A continuación se ofrece los criterios clasificatorios de las acciones de contra-ataque:

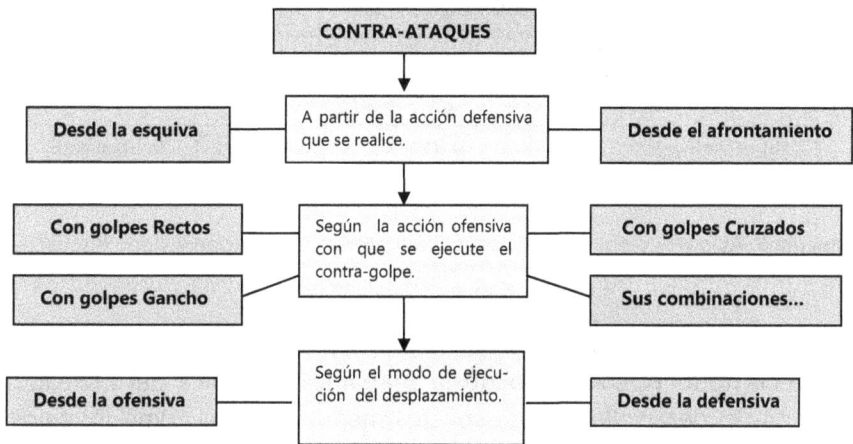

Esquema 4. Contra-ataques, criterios clasificatorios, clasificación y modo de subclasificación.

Ataques combinados: "combinar, es unir elementos diversos para formar un compuesto". Un ataque combinado es la acción de transformar un elemento técnico en otro, a través de complejos enlaces técnico-tácticos, tomando en consideración las posibilidades de acción tanto defensivas como ofensivas del adversario ante el primer ataque directo del que es objeto. Los ataques combinados en el boxeo se estructuran sobre la base de:

1. Dos acciones de ataques directos independientes y sucesivos con una fase de recuperación entre ellas, dígase dos movimientos de preparación o relaciones temporales entre cada acción.
2. Un ataque directo y un contra-ataque.
3. Dos contra-ataques independientes y sucesivos.

Hechos estos planteamientos, seguidamente quedan establecidos por medio de un esquema los diferentes criterios en los que se subdividen todo el universo de posibilidades de ataques-combinados:

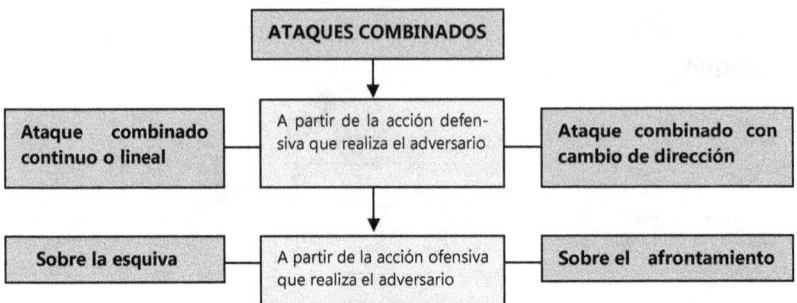

Esquema 5. Ataques combinados, criterios clasificatorios, clasificación y modo de subclasificación.

Con el perfeccionamiento de cada arista del campo táctico se aborda en esencia todo el contenido de la preparación técnica del boxeador y, condiciona el desarrollo de los aspectos medulares tales como los tipos de acciones, los sistemas de habilidades y las categorías situacionales que integran y del que depende el éxito en el cumplimiento de la exigencia de la actividad competitiva de este deporte.

LA TÁCTICA EN EL BOXEO.

La táctica es de los componentes de la preparación del deportista el que mayor protagonismo posee dentro de la comprensión sinérgica que debe ser, ante todo, la interconexión de contenidos a desarrollar por parte de los técnicos y/o especialistas en los deportes de combate. Aceptando que la preparación táctica determina, en última instancia, el cumplimiento exitoso de las exigencias del rendimiento de la actividad competitiva en el boxeo, es una obligación reflexionar en torno a las premisas fundamentales a tener en cuenta a la hora de asumir una concepción general en el tratamiento de la información del referido componente de la preparación.

Se entiende por táctica al "comportamiento racional, regulado sobre la propia capacidad de rendimiento del deportista y sobre la del adversario, así como sobre las condiciones exteriores, en un encuentro deportivo individual o en equipo" (Weineck, 1988). Por tanto corresponde asumir la táctica como ese proceso en el que el deportista da solución inmediata a las disímiles situaciones imprevistas y cambiantes que se crean en condiciones de oposición, a partir de sus recursos de rendimiento ya sean físicos, técnicos, teóricos, psicológicos, etc.

Podemos decir que el boxeo es un deporte individual, como individual debe ser entendida la táctica en su aplicación. Los contextos en los que se desarrollará este componente de la preparación son la escuela de boxeo y la escuela de combate, topes, sparring, y competencias preparatorias.

Según la edad de los atletas y las categorías, será el tiempo de duración de los asaltos el que marque que factor predomina. Así vemos como en las categorías de desarrollo 12-14 años, la táctica no es fundamental, este lugar está ocupado por la frecuencia de golpeo ya que el tiempo máximo por asalto es de 1.30 y por lo general se trabaja con golpes rectos, aquí los atletas tienen poca experiencia y no tienen criterios tácticos, ni un estilo preferencial muy bien definidos, por lo que la responsabilidad táctica del trabajo recae directamente en el entrenador.

En la edades entre 15-16 años predomina la diversidad técnica, ellos compiten asaltos de 2 minutos y se comienzan a manifestar los criterios tácticos, se disminuye la frecuencia de golpeo, ya se trabajan todas las distancias de combate y los golpes de ganchos y cruzados, en esta categoría los atletas han acumulado alguna experiencia competitiva, pero sigue siendo alta la responsabilidad del entrenador en la planificación del plan técnico-táctico.

En las categorías juveniles y elite se compite a 3 minutos por asalto y debe predominar la estrategia desde el mismo momento del comienzo de la preparación y la táctica como elemento que conduce a la técnica por el camino de la victoria, pero hay un elemento a tener en cuenta y es el cúmulo de experiencia competitiva que atesoran los atletas, algo a valorar en el momento de la planificación táctica del combate y que condicionarán las propuestas de solución ante las situaciones imprevistas que se presenten en el combate.

Para trazar con los atletas el plan táctico debo conocer:

1- Estado de salud.
2- Características somatotípicas.
3- Nivel técnico-táctico.
4- Nivel de preparación.
5- Nivel de aspiración.
6- Comportamiento ante grandes exigencias deportivas.

El conocimiento que tenga de mi atleta, el saber cómo reaccionará ante diferentes situaciones es lo me conducirá a planificar la estrategia de combate.

Del contrario debo saber:

1- Si es zurdo o derecho.
2- Su estatura.
3- Distancia de combate.
4- Nivel técnico-táctico.
5- Nivel de preparación.
6- Mejores acciones técnico-tácticas que ejecuta.
7- Principales deficiencias.

Todos los datos que pueda conocer del contrario me darán un criterio efectivo para planificar la estrategia, pero aún faltan algunos aspectos a tener en cuenta para que sea real la planificación de la estrategia y que podemos llamarlos factores externos como son:

1- Horario de competencia (De día o de noche).
2- Condiciones del lugar de competencia (techado o al aire libre, temperatura ambiente, iluminación, etc).
3- Sede o visitante (público a favor o en contra).
4- Estado del ring (acolchado o duro).
5- Si la puntuación de los jueces será por boletas o por la máquina electrónica.

En el punto 5 deberíamos reflexionar sobre las siguientes cuestiones: la realidad objetiva en muchos países es que aún en ciertos espacios de competición boxística se continua puntuando por boleta ya sea a partir de contadores manuales o por el antiguo sistema 19-20, en esta última forma de puntuación que es una interpretación subjetiva del árbitro influirán determinantemente los esfuerzos finales de cada asalto y el ritmo (efectivo o no) de ataques de los oponentes; la utilización de la máquina, por su parte, en las peleas del estilo olímpico condicionan igualmente la táctica del combate, pues los atletas y entrenadores se plantearán una gestión técnico-táctica a partir de golpes rectos y cruzados a la cabeza por ser más visibles desde todos los ángulos del ring, dejando a un lado los ganchos, puesto que no lo aprecian algunos jueces por estar de espalda o de lado al atleta que los recibe, ni logran apreciarse toda su efectividad por ser la zona más protegida del atleta.

La máquina como sistema de puntuación oficial vigente desde el V Campeonato Mundial Elite de Boxeo Amateurs celebrado en Moscú en el año 1989, ha condicionado la aparición de un tipo nuevo de atleta hasta el momento muy poco visto, atletas sumamente defensivos, con una gestión ofensiva "estándar" caracterizada por una simplicidad en cuanto a la cantidad y variantes de elementos básicos que conforman las combinaciones de golpes, enfatizando en el sentido del desplazamiento y la distancia de combate, así como muy habilidosos para preservar pequeñas ventajas.

Existen factores externos que pueden incidir en la planificación de la gestión táctica y la estrategia prevista para afrontar el ejercicio competitivo en este deporte y que, sin dudas, jugarán un papel determinante. Entre estos factores, por citar algunos, tenemos las condiciones del ring, pues si hablamos de ring acolchado y tenemos planificado un trabajo a base de desplazamiento, el trabajo se hará difícil por las condiciones del ring, si la competencia se realiza al aire libre y hay sol debemos tener en cuenta el estado físico de nuestro atleta al trazar la proyección ofensiva que se desarrollará, dígase, frecuencia de golpeo, complejidad o tipos de ataques que se emplearán, tiempo necesario para la compensación de los esfuerzos durante cada asalto, etc.

Uno de los aspecto en que los entrenadores se apoyan para obtener información inmediata a la hora de trazar el plan táctico de combate son las distancias de combate, por tener cada una de ellas características propias en su ejecución por ejemplo si decimos distancia larga, decimos predominio de golpes rectos, movilidad, desplazamientos atrás y a los laterales; si decimos distancias media o corta pensamos ganchos, cruzados, bloqueos, contra-ataques, pero esto resulta un análisis primario, muy simple, porque no estamos tomando en cuenta que en realidad ningún atleta trabaja una sola distancia en un combate y por lo general estas distancias tienen variantes reales que echarían por tierra una estrategia basada solamente en la distancia de combate, las distancias ya sean extra-larga, larga, media, corta y cuerpo a cuerpo en realidad no nos dice mucho, veamos: planifiquemos para nuestro atleta en un combate.

1. Distancia larga con contra-ataques.
2. Distancia larga en ataque.
3. Distancia larga con movilidad y pasar a la media y regresar a la larga.
4. Distancia larga con maniobras provocando errores para atacar.

Estas variantes tácticas pueden fácilmente planificarse, entrenarse y ejecutarse durante el combate, creando muchas variantes de ejecución en el atleta que las desarrolla y grandes problemas al contrario, porque con una señal el entrenador desde su esquina puede cambiar el plan táctico en fracciones de segundos y aparecer otro boxeador totalmente diferente en su accionar técnico-táctico.

Esto puede pasar con todas las distancias de combates cuando el entrenador tiene la habilidad técnica y táctica para entrenarlo y llevarlo a la competencia.

Pero no solo se trata de las variantes de ejecución en cada distancia cuando hablamos del accionar técnico-táctico y estratégico, antes de la distancia larga, un paso atrás y frente al contrario hay una zona llamémosle zona de maniobras, identificada con la distancia extra-larga, que es en esta zona donde el atleta maniobra, planifica, piensa y decide el ataque a realizar, pero además cuando se han sucedido intercambios continuos el atleta busca esta zona para compensar el esfuerzo realizado (recuperase), y es en ella que el atleta trabaja para mantener ventajas de pocos puntos al final del combate, los trabajos que se pueden realizar dependen en absoluto de lo que seamos capaces de crear en el entrenamiento.

Pero desde el punto de vista táctico también está el trabajo en el cuerpo a cuerpo, desde donde se anula la fuerza de golpeo del contrario, se agarra, etc., es decir, que la táctica es determinante y muy amplia en su variantes de desarrollo.

El boxeo es un deporte individual y el entrenador conjuntamente con el atleta al plantearse la táctica a utilizar tiene que tener en cuenta las habilidades técnicas, nivel de preparación, predisposición psicológica y experiencias deportivas, pero hay que tener en cuenta la táctica a utilizar por el contrario y a la cual hay que oponerse e imponerse, pero además hay que entrenar con disímiles atletas en cuanto a características individuales diferentes entre ellos, ejemplo: los zurdos, que pueden ser muy buenos con la mano más adelantada unos o muy malo con esa misma mano otros, pero el atleta debe buscar la solución correcta a través del pensamiento táctico para cada caso.

El atleta con este trabajo reafirma su nivel técnico y condiciona el desarrollo de su sistema de habilidades para resolver las distintas categorías situacionales que integran el boxeo.

La preparación técnico-táctica se trabaja en todas las etapas de preparación del deportista y es un error pensar que es la etapa competitiva donde en realidad es importante, pues si desde el primer momento el entrenador no le da el lugar que le corresponde el atleta sabrá hacer, pero no como hacer, es por eso que desde que se inicia la escuela de boxeo se debe especificar el momento táctico de todos los elementos básicos que integran la técnica del boxeo.

En la etapa de preparación especial, el entrenador debe crear situaciones competitivas y dejar en lo posible que el atleta resuelva con sus propios recursos las situaciones que se le van planteando durante el ejercicio competitivo, esto lo ayuda a desarrollar el pensamiento técnico-táctico en función de las acciones ganadoras que le condicionen dominar el ejercicio.

Ya en la etapa competitiva hay que darle una dimensión y protagonismo mayor a la táctica y la estrategia para crear en el atleta un alto rendimiento táctico que es en esencia la efectividad que tiene la acción técnica realizada. Podemos afirmar que en el boxeo de estilo olímpico el principal criterio de rendimiento táctico se identifica con la efectividad.

Las acciones tácticas del combate se suscriben a las siguientes categorías situacionales:

1- Ofensivas.
2- Defensivas.

Las acciones tácticas ofensivas son los movimientos que se realizan a través de maniobras que buscan desestabilizar la condición defensiva del contrario, los cuales son ataques directos, contra-ataques y ataques combinados. Dichas acciones se ejecutan con mayor efectividad al descubrir una brecha en la defensa o limitación ofensiva del contrario.

Las acciones tácticas defensivas son el conjunto de movimientos que se realizan con las manos, los antebrazos, el tronco y las piernas para anular las acciones ofensivas del contrario.

Los desplazamientos por su gran variedad de acciones son elementales también en la táctica de combate pues participan en todas las acciones ofensivas y defensivas, nos permiten pasar de una distancia a otra, evadir el ataque del contrario, y en la zona de maniobras ejecutar movimientos de fintas con ataques, pero desde el punto de vista de la táctica de combate hay un elemento no trabajado del todo y es el desplazamiento por pasos "no secuenciales", que ejecutan en casi todos los combates pero solo cuando el atleta está agotado físicamente, y no como un elemento más de la táctica de combate, el desplazamiento por pasos "no secuenciales" se emplea en las divisiones superiores del boxeo donde el atleta por su gran corpulencia y peso no puede desplazarse como un boxeador de las divisiones bajas o medias, pero además este tipo de desplazamiento en cualquier división se emplea para "enfriar" el combate, para recuperarnos, para utilizarlo como desplazamiento de contraste cuando después de ejecutarlos se utilizan desplazamientos de gran velocidad y variedad, al hablar de táctica y estrategia de combate no puede quedar fuera ningún elemento que amplíen las posibilidades reales de utilización por nuestros atletas.

Las fases fundamentales por las que transita las acciones tácticas (Mahlo, 1981), son:

a. Fase de percepción y análisis de la situación (su resultado es el conocimiento de la situación).
b. Fase de reflexión o solución mental del problema (su resultado es la representación de una gestión).
c. Fase de ejecución o solución motriz del problema (su resultado es la solución práctica).

Las palabras claves en las que se apoyan y activan las referidas fases que armonizan la gestión técnico-táctica de nuestros boxeadores dentro del proceso de preparación y que serán planteados como criterios de exigencia de ese accionar táctico, son: 1) pensar (rápido y bien); 2) visualizar (toda la situación); 3) analizar (todas las variantes positivas o negativas); 4) toma de decisión (con valentía y determinación) y/o resolver con creatividad y efectividad.

El boxeo es un deporte creativo, donde el pensamiento rápido y correcto marcan las pautas de nuestro accionar técnico-táctico, donde la lógica tiene como función apoyar el pensamiento y la creatividad, romper patrones para dominar el permanente reto táctico del contrario y desarrollar, bajo estas condiciones, ese modo de actividad deportiva a lo que llamamos boxeo, pero no el boxeo simple, falto de lucidez, hablamos del boxeo inteligente, lleno de matices, lleno de habilidades.

LA ESCUELA DE BOXEO COMO FACTOR DE APRENDIZAJE TÉCNICO-TÁCTICO.

La escuela de boxeo es factor indispensable para el aprendizaje de la técnica y la táctica en la Escuela Cubana de Boxeo, es el momento en la sesión del entrenamiento del boxeador donde se pueden realizar una mayor cantidad de repeticiones de una técnica en concreto y donde el entrenador también puede realizar una constante corrección de errores, es el primer contacto del nuevo atleta con la técnica del deporte, aquí el atleta aprenderá desde la posición de guardia hasta combinaciones de un alto nivel de complejidad técnica.

En la escuela de boxeo el entrenador es el patrón técnico del cual los alumnos captarán los movimientos y las técnicas que el demuestre, lo que obliga al mismo a demostrar los ejercicios correctamente y además explicar los elementos básicos que componen el ejercicio y la situación táctica en que puede ser utilizado durante el combate, esto es fundamental para que el atleta valore que cada ejercicio aprendido formará parte de su futuro arsenal técnico-táctico.

Los trabajos de la escuela de boxeo se realizarán en formaciones simples, hileras, semicírculos y después en parejas o en hileras dobles para lograr que los atletas ganen confianza en la ejecución de las defensas y se trabajará con desplazamiento solo cuando el entrenador considere que los atletas están aptos. La escuela de boxeo en movimiento es más utilizada en la etapa competitiva donde se hace más dinámica y con mayor rapidez de reacción.

La escuela de boxeo se realiza con todas las categorías y en todas las etapas de preparación, se trabaja por minutos y no por asaltos, puede ser detenido en cualquier momento que considere necesario el que la dirige, bien para corregir un error colectivo, ampliar una información o para dar un descanso, en este descanso por regla general el entrenador refuerza argumentos técnicos-tácticos o hace un enlace con el próximo elemento a desarrollar dentro de la escuela de combate, el entrenador debe ser creativo y buscar constantes variantes que lo ayuden a cumplir los objetivos propuestos sin violar el orden técnico-metodológico de enseñanza.

Es precisamente este orden metodológico la guía que permitirá al entrenador llevar un orden lógico y de asequibilidad del proceso de enseñanza y no nos permite violar etapas del proceso cognoscitivo.

La escuela de boxeo, reiteramos, es el factor más importante para aprender la técnica y la táctica en la Escuela Cubana de Boxeo, pero en este aprendizaje mucho tiene que ver las habilidades pedagógicas del entrenador para impartir los conocimientos pues no solo se basa en conocer y ejecutar correctamente la técnica a demostrar, también hay que tener la maestría de la motivación y en como llevar al grupo a interiorizar los elementos de la técnica y en tener siempre a mano un elemento nuevo que atraiga el interés de los atletas sin importar el nivel o la experiencia, creándoles en la escuela de boxeo situaciones imaginarias de combates que él tenga que resolver y crear una nueva situación, llevando la escuela de boxeo al nivel del combate real con todas sus exigencias.

La escuela de boxeo se debe comenzar después del calentamiento mientras los atletas conservan un nivel de rendimiento y disposición física para ejecutar acciones que exigen una alta coordinación y rapidez de movimientos, así como velocidad de reacción. El agotamiento físico y mental obstaculiza el proceso de aprendizaje del boxeo.

Los hábitos que se adquieren en la escuela de boxeo marcaran el accionar técnico-táctico del deportista para toda su vida.

La escuela de boxeo desde las edades tempranas

Como edades tempranas consideraremos atletas entre los 11 y 14 años, en estas edades se trabaja entre 15 y 30 minutos de acuerdo a la etapa y se trabaja en hileras, semicírculos, dispersos en el área de entrenamiento y en parejas. Lo más importante es que el entrenador mantenga el control general del grupo.

Los elementos básicos que se trabajarán son la posición de guardia, los desplazamientos, giros, y todas las técnicas de ataques, defensas y contraataques con rectos, al final del ciclo se iniciarán los trabajos con ganchos y cruzados.

Se trabajará fundamentalmente desde la distancia larga.

Las defensas más utilizadas son con las extremidades superiores: las paradas, desvíos y con las extremidades inferiores (piernas) las defensas por pasos lineales, laterales y giros.

En las edades entre 15 y 16 años se trabaja entre 15 y 25 minutos de acuerdo a la etapa de trabajo, los métodos organizativos son los mismos y en la técnica se perfeccionan los desplazamientos con todos los golpes clásicos y las combinaciones de hasta 3 golpes.

Se perfecciona la distancia larga y comienza el trabajo con la media y la corta.

Se continúan perfeccionando las defensas con las extremidades superiores e inferiores y se incorporan las defensas con el tronco (flexión, torsión y circunducción) garantizando anular los ataques del rival.

Es importante que en un inicio todas las defensas se hagan como un ejercicio de imitación sin un ataque real y solo después de aprendidas se ejecute la defensa real, en la escuela de boxeo el objetivo primero es el aprendizaje del elemento técnico y su consecuente argumento táctico.

En las categorías superiores es decir juvenil y social o senior se trabaja entre 15 y 20 minutos, aquí se incorporan los desplazamientos, el trabajo tiene una mayor intensidad y se trabajan los ataques variados (cantidad, variantes combinativas, ángulos de ejecución, preparación o maniobras previas, etc.). Las combinaciones pueden tener hasta 5 golpes.

Entrarán a formar parte de las técnicas a ejecutar las fintas, las maniobras de ataques, los contra-ataques (de encuentro y de riposta).

Se trabajarán todas las distancias y se aprenderá a pasar de una a otras a través de golpes o movimientos. Dentro de la táctica de combate se ejercitará el posicionamiento y dominio del espacio de competición, los desplazamientos circulares, el golpeo en movimiento, así como el combate contra las cuerdas y en las diferentes zonas del ring.

El entrenador debe ser capaz en la escuela de boxeo de que el atleta prefiera, reconozca y se enamore del deporte elegido, entendiéndolo como un ejercicio de habilidades, inteligencia, armonía gestual e imposición de voluntades.

Consideraciones a tener en cuenta en la escuela de boxeo

1) Se trabaja en todas las categorías y con atletas de cualquier nivel.
2) Durante todos los mesociclos.
3) Las tareas y el tiempo se planifican en acentos.
4) Se desarrolla siguiendo un orden técnico-metodológico de enseñanza.
5) Se realizará después del calentamiento.
6) La recuperación se da de acuerdo a la intensidad y complejidad de los ejercicios técnicos.
7) Tiene que haber correspondencia del contenido de los acentos de la escuela de boxeo y la escuela de combate.
8) Los elementos a trabajar no pueden ser excesivos, debe procurarse dar margen a la compensación de los esfuerzos para que el atleta no caiga por acumulación en un estado de fatiga, hecho que es contraproducente para el proceso de aprendizaje.
9) Se trabaja sin guantes, aunque se pueden utilizar para las prácticas de las defensas con el objetivo de evitar lesiones.

¿Qué puedo lograr con la escuela de boxeo?

1. Adoptar una correcta posición de combate.
2. Aprender la técnica y la táctica de combate sin riesgo de maltrato por otro atleta más aventajado.
3. Comprender que para la práctica del boxeo la inteligencia cuenta más que la fuerza.
4. Crear hábitos de ataques y defensas cada vez de mayor complejidad y exigencia.
5. Crear un arsenal técnico-táctico de alto nivel.
6. Crear la confianza necesaria que me permita aplicar las técnicas aprendidas en el contexto de la escuela de combate.
7. Adquirir habilidades que me sirvan para vencer los obstáculos que se presenten en el ejercicio competitivo.

¿Qué requiere el entrenador al desarrollar la escuela de boxeo?

1) Ser un buen patrón de cada uno de los distintos elementos básicos del boxeo.

2) Dedicación y superación técnico-profesional constante.
3) Organización y planificación del entrenamiento, no dando margen a la improvisación.
4) Léxico acorde al nivel del grupo, pero con un lenguaje técnico.
5) Un correcto enlace entre ejercicios o técnicas diferentes.
6) Corrección constante de errores.
7) Mantener el control general del grupo.
8) Garantizar altos niveles motivacionales y entrega al entrenamiento por parte del grupo.
9) Habilidad y maestría pedagógica para vencer los obstáculos que se presenten durante la clase o sesión de entrenamiento.
10) Criterios pre-establecidos para detectar los nuevos talentos (en este sentido se sugiere consultar la obra: **ESCUELA CUBANA DE BOXEO / Sistema de selección deportiva**.

¿Qué se requiere del atleta para desarrollar la escuela de boxeo?

1. Una buena disposición para enfrentar las tareas.
2. Realizar un buen calentamiento previo.
3. Máxima concentración en el trabajo.
4. No rendirse por difícil que parezca la tarea, este es un trabajo netamente de repeticiones y solo a través de ellas se alcanzan los objetivos.

Ejemplos de acentos para la escuela de boxeo

Acento: 12   **Tiempo**: 25 minutos.
Contenido: (1) Consolidación del trabajo con pasos planos.
(2) Consolidación del trabajo con el Recto Anterior a la Cabeza (RAC).
Organización: Hilera.
Desarrollo:
(1) Desde la posición de guardia.
1. Pasos planos al frente, atrás, a la izquierda y a la derecha.
2. Pasos planos dobles al frente, atrás, a la izquierda y a la derecha.
3. Dos pasos planos adelante y uno atrás, dos pasos adelante y dos atrás.

(2) Desde la posición de guardia.
1. RAC con un paso al frente, con un paso atrás, con un paso a la izquierda y con un paso a la derecha.
2. Doble RAC con dos pasos al frente, con dos pasos atrás, con dos pasos a la izquierda, y con dos pasos a la derecha.
3. Ataque con dos pasos planos y dos RAC y un paso plano atrás.
4. Ataque con dos pasos planos y dos RAC, retroceder con dos pasos planos y dos RAC.

Acento: 21.　　　　　　　　**Tiempo**: 20 minutos
Contenido: (1) Consolidación del trabajo con pasos planos y péndulo.
　　　　　(2) Iniciación de ataques directos compuestos con el RAC y RPC.
Organización: dos hileras frontales.
Desarrollo:
(1) Desde la posición de parada de guardia.
1. La hilera uno avanza con dos pasos planos y pasa a péndulos, la hilera dos da dos pasos planos atrás y pasa al péndulo. (el ejercicio es alterno).
2. Desde la posición de péndulo la hilera uno avanza con dos pasos planos, la hilera dos retrocede con pasos planos, la hilera uno da un paso atrás seguidamente y pasan a péndulo ambas hileras.
3. Las dos hileras desde la posición de péndulos retroceden tres pasos, pasan a péndulos y avanzan con tres pasos planos. (el trabajo se alterna).

(2) Desde la posición de parada de guardia.
1. Desde la parada de combate, la hilera uno ataca con un paso plano y un RAC. La hilera dos hace defensa con un paso plano atrás (el ejercicio es alterno).
2. Desde la posición de péndulo la hilera uno ataca con un paso plano y RAC y RPC. La hilera dos desde la posición de péndulo se defiende con dos pasos planos atrás.
3. Desde la posición de péndulo la hilera uno ataca con RAC. y RPC. La hilera dos desde la posición de péndulo se defiende con dos pasos planos atrás y contra-ataca con RAC y RPC.

Formas de organización de la escuela de boxeo

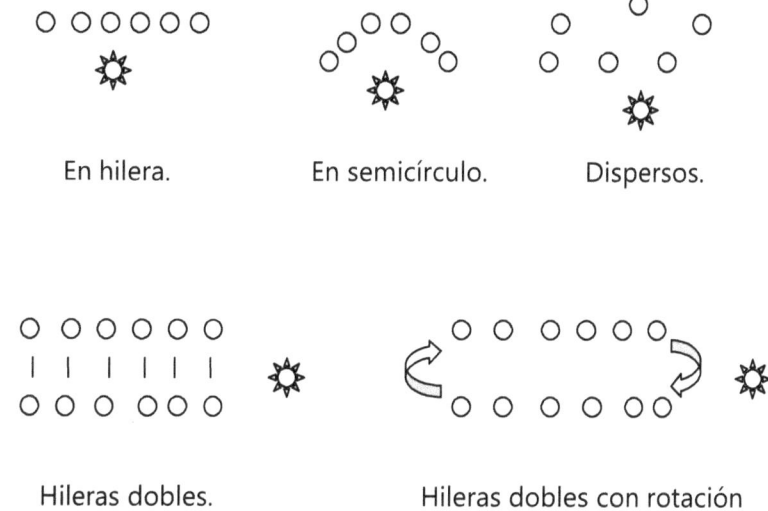

En hilera.   En semicírculo.   Dispersos.

Hileras dobles.   Hileras dobles con rotación

Cada una de estas formas de organización de la escuela de boxeo tiene objetivos muy bien definidos y por ejemplo, en hilera el entrenador tiene el control sobre todos los atletas siendo muy fácil la corrección de errores igual que en semicirculo.

Las hileras dobles en rotación nos permiten realizar las técnicas y desplazarnos, además caracterizar distintas formas de ataque en un solo momento y por tanto ejecutar las defensas con diferentes adecuaciones.

Podemos trabajar las hileras dobles sin rotación, pero en una estarán los atletas más avanzados y en la otra los más noveles, de esa forma ayuda al entrenador a evitar en alguna medida las limitaciones lógicas de los iniciados, así mismo se refuerza indirectamente el patrón técnico al visualizar la ejecución de los más avanzados.

Al estar los atletas dispersos por el área, se romperán esquemas de formación para la escuela de boxeo y lo aproximaremos más al ejercicio de la sombra en el boxeo, dando sensación de independencia, responsabilidad y autocontrol pero sin perder la exigencia, control y uniformidad del trabajo que estamos realizando.

La Escuela Cubana de Boxeo basa sus resultados en el alto nivel de maestría deportiva de sus atletas, pero sin lugar a dudas es la escuela de boxeo el primer y fundamental paso en la adquisición de esta maestría y el eslabón primordial del desarrollo técnico-táctico que evidencia los formados bajo esta institución en el mundo.

LA ESCUELA DE COMBATE EN EL BOXEO.

Se denomina técnica en el boxeo al conjunto de medios de ataques y defensas que como resultado de ejercicios llegan a ser hábitos del boxeador, y si la escuela de boxeo nos da la iniciación técnica de todos los elementos básicos del boxeo, la escuela de combate nos da la consolidación, y el perfeccionamiento de cada uno de estos elementos de forma real, pues al desarrollarse en parejas, por asalto, con cabecera y protector bucal nos pone en situación de un combate real.

El boxeo es un deporte de constante improvisación, lo que hace sumamente importante el arsenal técnico-táctico de que disponga el atleta para enfrentar los retos del contrario, pero un arsenal técnico bien entrenado por medio de las constantes repeticiones en condiciones de combate, que solo aporta la escuela de combate en cualquiera de sus variantes (dirigida o condicionada).

Para que la escuela de combate cumpla cabalmente su cometido es imprescindible la explicación y la demostración por parte del entrenador de todos los elementos que se practiquen, además de explicar la situación táctica en que se puede utilizar dicha técnica y las posibles variantes o adaptaciones según corresponda para determinadas situaciones o contextos.

La escuela de combate es la esencia misma del boxeo, es la continuación de lo realizado en la escuela de boxeo, se trabaja por acentos y por grupos de divisiones, es importante que la planificación de los acentos esté en correspondencia con el nivel del grupo y debe seguir un orden técnico-metodológico.

Se trabaja en parejas, las cuales pueden cambiarse o permanecer durante todo el trabajo de acuerdo al criterio del entrenador, es importante que el nivel técnico de ambos atletas esté bastante igualado para evitar que la superioridad de uno no condicione la ejecución o el desarrollo al compañero más limitado, aunque dado el caso, este último, puede atacar y el de un nivel superior realizar las defensas y así se ayudarían los dos, aunque reiteramos lo más aconsejable es realizar el emparejamiento con atletas de similar nivel técnico.

La escuela de combate puede tener una, dos, o más fases de trabajos, expliquemos: cuando un boxeador #1 ataca con el Recto de la mano Anterior a la Cabeza (RAC) y el contrario (boxeador #2) ejecuta una defensa, estamos hablando de una fase de trabajo que contempla una acción ofensiva (ataque) y una acción defensiva (defensa), esto ayuda al mejoramiento del ataque de uno y de la defensa del otro.

Cuando hablamos de dos fases es cuando el boxeador #1 ataca con el Recto de la mano Anterior a la Cabeza (RAC) y el contrario (boxeador #2) después de anular este ataque inicial con una acción defensiva de flexión del tronco y contra-ataca con el Recto de la mano Posterior a la Cabeza (RPC), el boxeador #1 se defiende de dicho contra-ataque realizado por el boxeador #2. Aquí tenemos: ataque - defensa - contra-ataque - defensa, ya aquí es más parecido a un combate real pues hay un nivel de exigencia mayor.

Para realizar la escuela de combate con tres fases lo primero que tenemos que tener en cuenta es el nivel de los atletas, así como su experiencia deportiva y en ella (y continuando con el mismo ejemplo) el boxeador #1 ataca con Recto de la mano Anterior a la Cabeza (RAC), el boxeador #2 hace defensa de flexión del tronco y contra-ataca con Recto de la mano Posterior a la Cabeza (RPC), el boxeador #1 hace defensa de torsión del tronco ante el RPC y c/a con Gancho de la mano Anterior al Abdomen (GAA), el boxeador #2 hace defensa de parada ante el GAA con la zona media del antebrazo posterior y c/a con Cruzado de la mano Anterior a la Cabeza (CAC), el boxeador #1 se defiende ante el CAC con un paso atrás y c/a con Recto de la mano Posterior a la Cabeza (RPC), el boxeador #2 ejecutará una defensa libre ante el RPC.

Si analizamos el trabajo de tres fases vemos un combate real donde hay ataques, defensas, contra-ataques y defensas por parte de los dos boxeadores, estos ejercicios garantizan que los dos atletas pasan del ataque a la defensa con regularidad y ritmo de combate.

Para realizar el trabajo con cuatro fases la metodología es la misma, solo tenemos que planificar los acentos con un objetivo bien definido en función a las características de los boxeadores, los grupos de categorías de peso, etc. Estas fases de trabajo en la escuela de combate deben desarrollarse con atletas bien preparados y que hayan transitado por todas las fases anteriores garantizando realizar este trabajo con efectividad.

Pero al planificar los acentos para la escuela de combate tenemos que tener en cuenta además las distintas situaciones del combate, el trabajo contra las cuerdas, en el entorno del centro del ring, contra zurdos, etc.

Al referirnos a los tiempos de trabajos en las distintas edades vemos como en las categorías inferiores se trabaja más tiempo la escuela de combate en un contexto de aplicación, y en las categorías superiores se trabaja más el contexto de creación. Dicho esto, en la escuela de combate los porcientos varían de acuerdo a la edad o el nivel de desarrollo deportivo que presente el o los sujetos que se entrenan, así como a las etapas de preparación en que se encuentren. Los distintitos tipos de escuelas de combate pueden ser divididas en: Escuela de Combate Dirigida (ECD), Escuela de Combate Condicionada (ECC) y Escuela de Combate Libre (ECL).

Tabla 4. Relación porcentual según la edad en la escuela de combate.

Edad	ECD	ECC	ECL
11-14	60 %	25 %	15 %
15-16	50 %	25 %	25 %
17-18	40 %	35 %	25 %
+19	30 %	30 %	40 %

Debemos aceptar que un sujeto independientemente de la edad que posea, cuando se inicia en la práctica del boxeo, debe comenzar su trabajo con guantes con los porcientos de un atleta de 11-14 años, por ser la relación porcentual de escuela de combate más adecuada para el primer nivel de desarrollo deportivo que posee, por tanto, debe asumirse las edades y porcientos descritos también en cuatro niveles: iniciación, consolidación, perfeccionamiento y maestría deportiva.

Escuela de Combate Dirigida (ECD): es una fracción del entrenamiento de la escuela de combate que se limita a la realización de ejercicios reproductivos de acciones técnico-tácticas para que los boxeadores las incorporen como soluciones aprendidas ante diferentes tipos de situaciones del combate. Estos ejercicios son establecidos por el entrenador sin margen a la improvisación o toma de decisiones, en la mayoría de los casos cada uno de los atletas tendrán un rol ofensivo y defensivo, como por ejemplo:

a) Boxeador #1 - Realiza un ataque con Recto de la mano Anterior a la Cabeza (RAC).
b) Boxeador #2 - Realiza una acción defensiva de parada con la palma de la mano posterior.

Es metodológicamente adecuado especificar en la confección de los ejercicios o acentos dentro de la escuela de combate hacia donde será ejecutada la acción ofensiva y como se realizará la acción defensiva. Esto ayudará a la comprensión del ejercicio por parte de los boxeadores. Los ejercicios desarrollados de forma alterna, es decir, que el que ataca pasaría después a realizar la defensa, contribuye a evitar esquematismos en los atletas.

El hecho de ser una ECD no limita la cantidad de golpes que pueda ejecutar uno de los atletas, si están planificadas las defensas para cada uno de ellos, lo que es básico es que el trabajo técnico vaya de lo simple a lo complejo (de lo fácil a lo difícil) y que las tareas que se planifiquen puedan ser ejecutadas por los dos boxeadores.

Este trabajo en un primer momento se puede realizar en dos hileras o con pasos péndulos para que los atletas realicen una mayor cantidad de repeticiones.

Lo que si debe tener muy claro el entrenador al planificar es que este es un trabajo para aprender y perfeccionar las técnicas de ataques y defensas, que no se puede perder el concepto de escuela, hay que marcar muy bien los límites metodológicos entre los diferentes tipos de escuelas de combates pues de no hacerlo nos llevaría a perder la dirección y objetivos deseados en el trabajo con guantes.

Escuela de Combate Condicionada (ECC): es una fracción del entrenamiento de la escuela de combate que está creada para trabajar las necesidades individuales y específicas de cada atleta, de acuerdo a su nivel, estatura, si es zurdo o derecho o con las particularidades que quiera desarrollar el entrenador con este y no con todos los atletas, aquí el atleta puede desarrollar de forma especializada un conjunto de habilidades que permitan enfatizar su estilo preferencial de combate.

La ECC se trabaja con una o varias condiciones, estas condiciones varían de acuerdo al criterio del entrenador y de las necesidades de los atletas de forma individual tanto para perfeccionar elementos técnicos y habilidades concretas, así como para el perfeccionamiento de aquellos aspectos técnico-tácticos donde el atleta tiene más dificultades e incluso para ganar confianza en cuanto a la gestión boxística que fuere.

Es sumamente importante para el entrenador crear situaciones reales de combate, para que el atleta viva en el entrenamiento situaciones que llegado el combate no serán nuevas para él, este es un trabajo que hace que los atletas adquieran un nivel suficiente de aprendizaje, de confianza e iniciativa que les permitirá más adelante encarar la Escuela de Combate Libre (ECL).

Al referirnos a la ECC debemos centrar nuestra atención en el factor condicionante del entrenamiento con guantes, el cual para su planificación y control debe estar reflejado en el acento de cada sesión de entrenamiento y en el plan individual del atleta. Ejemplos del factor condicionante en un ejercicio con guantes:

Ejemplo #1:

a) Condicionantes: trabajo en larga distancia ambos boxeadores con golpes rectos.
b) Boxeador #1 - Conserva un posicionamiento en el ring en el entorno de las cuerdas y/o las esquinas, el boxeador #2 - Realiza un ataque directo a la cabeza a su elección (libre), boxeador #1 - Contraataque (c/a) libre al boxeador #2, este último procurará anular el c/a del boxeador #1.

Ejemplo #2:

a) Condicionantes: trabajo en corta y media distancia ambos boxeadores con golpes ganchos y cruzados.
b) Boxeador #1 y boxeador #2 - Conserva un posicionamiento en el entorno del centro del ring y desarrollan un trabajo ofensivo-defensivo con guantes a su libre elección, enfatizando con los pasos laterales.

En la ECD el aprendizaje de la técnica va a todos los atletas por igual sin medir condiciones específicas de estatura, fuerza, rapidez, etc., pero en la ECC ya se empieza a trabajar con las particularidades individuales de los atletas y los acentos deben ir en correspondencia con los intereses individuales de los atletas, por eso no es correcto hacer trabajar a un atleta muy alto en la corta distancia solo porque le toca ese trabajo, ni hacer trabajar a un hombre bajito en larga distancia solo porque en ese asalto es el trabajo que le toca realizar, si entendemos que es necesario que el hombre alto adquiera habilidades para salir de esa distancia corta, sería la justificación para el trabajo, pero dejaríamos de trabajar la distancia que el debe de perfeccionar.

La ECC es básica desde el punto de vista competitivo pues en ella se trazan las primeras tareas tácticas a cumplir y de la disciplina táctica aprendida en los entrenamientos, así como la amplitud y flexibilidad del pensamiento táctico del atleta.

Escuela de combate libre (ECL): es la ultima fracción del entrenamiento de la escuela de combate y es un factor indispensable en la preparación competitiva de los atletas, en ella el atleta desarrolla toda su iniciativa y creatividad dejando ver su real capacidad para enfrentar los retos que se presenten, no sólo desde el punto de vista técnico, sino también en su disposición combativa y en su iniciativa individual.

La ECL no debe ser entendida como un sparring, sino como un ejercicio competitivo con guantes donde debe primar como principal criterio de exigencia la ejercitación de los hábitos y habilidades aprendidas, cumplir con plan táctico y estratégico de combate orientado por el entrenador de acuerdo a los objetivos que él desea evaluar del atleta. En la ECL deben predominar e insistir en los atletas en el concepto *dominio* ante el de *fuerza*. Es recomendable que las instrucciones que el entrenador realiza al boxeador en la ECL lo haga de forma personal y cercana sin que el oponente sepa cuáles son y viceversa, de esta manera ambos boxeadores a pesar de tener plena libertad de actuación y gestión durante el asalto se educarán en el respeto a estas orientaciones, igualmente servirán para adaptarse a la lógica de actuación y disciplina táctica en un combate real.

Al comienzo de la preparación solo se trabajará uno o dos asaltos de ECL al finalizar la ECC y a medida que avanza la preparación se irán incrementando los asaltos, teniendo una mayor frecuencia de trabajo en la etapa pre-competitiva y competitiva. La ECL bajo las exigencias y comprensión anteriormente descrita condiciona el desarrollo en los boxeadores de un espíritu creador, inmediatez en la toma de decisiones, independencia y flexibilidad del pensamiento táctico, ejercitando todos los modos de gestión del arsenal de soluciones aprendidas tanto en la ECD y la ECC.

Pero no solo la importancia radica desde el punto de vista técnico-táctico y estratégico o del desarrollo de las cualidades volitivas, también hay parámetros de la preparación que se pueden obtener en el ejercicio de la ECL, como son:

1. La frecuencia de golpeo.
2. Exactitud en el golpeo.
3. Calidad de las defensas.
4. Efectividad de las maniobras de ataques y defensas.
5. Comprobar el nivel de las cualidades volitivas.

Las tres fracciones de la escuela de boxeo, dirigida condicionada y libre forman eslabones indisolubles que garantizan en contexto de reproducción, aplicación y creación de los argumentos técnico-tácticos que soportan y distinguen la Escuela Cubana de Boxeo, por separados no tendrían ningún valor, pero unidos y bien aplicados hace que germinen atletas de un excelente nivel técnico con una alta disposición de combate.

Ejemplos de acentos para la Escuela de Combate Dirigida

Acento: 15   **Tiempo de trabajo**: 6/3 x1
Objetivos: BOX-1- Ejecutar desde la distancia larga el RAC.
         BOX-2- Perfeccionar las defensas de afrontamiento ante el RAC.
Situación: Distancia larga y un posicionamiento del ring en el entorno de las cuerdas y/o las esquinas.
  BOX-1- Ataca con RAC.
  BOX-2- Realiza defensa de parada con la palma de la mano posterior.

  BOX-1-Ataca con RAC.
  BOX-2- Realiza defensa de desvío con la mano posterior.

  BOX-1- Realiza una finta y ataca con RAC.

BOX-2- Realiza la defensa de parada con la zona media del antebrazo anterior.

Ejemplos de acentos para la Escuela de Combate Condicionada

Acento: 23   **Tiempo de trabajo**: 6/3 x1
Objetivos: BOX-1- Desarrollar un trabajo técnico-táctica desde larga distancia.
　　　　BOX-2- Buscar y conservar un trabajo técnico-táctica en la distancia media.
Situación: Accionar con libertar de movimientos.
- BOX-1- Desplazamiento hacia atrás y circular con RAC desde la distancia larga.
- BOX-2- Avanza con movimientos de tronco y c/a con ganchos al cuerpo.
- BOX-1- Desplazamientos atrás y circular con RAC y RPC desde la distancia larga.
- BOX-2- Avanza cortando el paso y c/a con ganchos y cruzados.

- BOX-1- Desplazamientos atrás y circular con libertad de acción ofensiva-defensiva desde la distancia larga.
- BOX-2- Con total libertad de acción tanto ofensiva como defensiva desde la media distancia conducir el combate.

Ejemplos de acentos para la Escuela de Combate Libre

Acento: 30   **Tiempo de trabajo**: 3/3 x1
Objetivos: Comprobar nivel de asimilación de la gestión técnico-táctico en las distancias extra-larga, larga y media de combate.
Situación: Accionar con libertar de movimientos.

Ejemplos del contenido de los acentos para el trabajo de la escuela de combate dirigida

Acento 1
    BOX-1- Ataca con RAC.
    BOX-2- Realiza defensa de parada con la palma de la mano posterior y c/a con RAC.
    BOX-1- Realiza defensa parada con la palma de la mano posterior ante el RAC.
    BOX-1- Ataca con RAC.
    BOX-2- Realiza defensa de parada con la palma de la mano posterior y c/a con RPC.
    BOX-1- Realiza defensa de desvío con la mano anterior al lateral ante el RPC.
    BOX-1- Ataca con RAC.
    BOX-2- Realiza defensa de parada con la palma de la mano posterior y c/a con CAC.
    BOX-1- Realiza defensa de parada con el dorso de la mano posterior ante el CAC.

Acento 2
    BOX-1- Ataca con RAC.
    BOX-2- Realiza defensa de piernas con paso atrás y c/a con RPC.
    BOX-1- Realiza defensa de parada con la zona media del antebrazo anterior ante el RPC.
    BOX-1- Ataca con RAC.
    BOX-2- Realiza defensa de parada con la zona media del antebrazo anterior y c/a con RPC.
    BOX-1- Realiza defensa de torsión del tronco ante el RPC.
    BOX-1- Ataca con RAC.
    BOX-2- Realiza defensa del tronco por flexión y c/a con RPC.
    BOX-1- Realiza defensa del tronco por torsión ante el RPC.

Acento 3
    BOX-1- Ataca con RAC.
    BOX-2- Realiza defensa de piernas con paso atrás y c/a con RAC y RPC.
    BOX-1- Realiza defensa de parada con la palma de la mano posterior ante el RAC y defensa del tronco por torsión ante el RPC.
    BOX-1- Ataca con RAC.

BOX-2- Realiza defensa de parada con la zona media del antebrazo anterior y c/a con RPC y CAC.
BOX-1- Realiza defensa de parada con la zona media del antebrazo posterior ante el RPC y defensa del tronco por circunducción ante el CAC.
BOX-1- Ataca con RAC.
BOX-2- Realiza defensa del tronco por torsión y c/a con GAA y RPC.
BOX-1- Realiza defensa de parada con la zona baja del antebrazo posterior ante del GAA y defensa de parada con la zona media del antebrazo anterior ante el RPC.

Acento 4
BOX-1- Ataca con RAC.
BOX-2- Realiza defensa del tronco por torsión y c/a con GAA y GPA.
BOX-1- Realiza defensa de parada con la zona baja del antebrazo posterior ante el GAA y defensa de parada con la zona baja de los antebrazo anterior ante el GPA.
BOX-1- Ataca con RAC.
BOX-2- Saca el pie anterior y c/a con RPC.
BOX-1- Realiza defensa de parada con la palma de la mano posterior ante el RPC.
BOX-1- Ataca con RAC.
BOX-2- Saca el pie anterior y c/a con RPA.
Nota: El RPA por su estructura técnica cuando se ejecuta al encuentro ante el RAC no puede ser defendido por eso no se especifica la defensa ante ese golpe en el acento.

Acento 5
BOX-1- Ataca con RAC.
BOX-2- Saca el pie anterior y c/a con RPA y CAC.
BOX-1- Realiza defensa de parada con el dorso de la mano posterior ante el CAC.
BOX-1- Ataca con RAC.
BOX-2- Realiza defensa de desvío con la mano anterior al lateral y c/a con RPC y GAA.
BOX-1- Realiza defensa de parada con la zona media del antebrazo anterior ante el RPC y defensa de parada con la zona baja del antebrazo posterior ante el GAA.
BOX-1- Ataca con RAC.
BOX-2- Realiza defensa del tronco por torsión y c/a con CAC y GPA.

BOX-1- Realiza defensa de parada con el dorso de la mano posterior ante el CAC y defensa de parada con la zona baja del antebrazo anterior ante el GPA.

Acento 6

BOX-1- Ataca con RAC.
BOX-2- Realiza defensa de parada con la palma de la mano posterior y c/a con RAC y GPA.
BOX-1- Realiza defensa de parada con la palma de la mano posterior ante el RAC y defensa de parada con la zona baja del antebrazo anterior ante el GPA.
BOX-1- Ataca con RAC.
BOX-2- Realiza defensa de parada con la palma de la mano posterior y c/a con RAC y GAA.
BOX-1- Realiza defensa de parada con la palma de la mano posterior ante el RAC y defensa de parada con la zona baja del antebrazo posterior ante el GAA.
BOX-1- Ataca con RAC.
BOX-2- Realiza defensa de parada con la palma de la mano posterior y c/a con RAC, GPA y GAA.
BOX-1- Realiza defensa de parada con la palma de la mano posterior ante el RAC, defensas de parada con la zona baja del antebrazo anterior ante el GPA y zona baja del antebrazo posterior ante el GAA.

Acento 7

BOX-1- Ataca con RAC.
BOX-2- Realiza defensa de desvío con la mano posterior y c/a con RAC, RPC y GAA.
BOX-1- Realiza defensa de parada con la palma de la mano posterior ante el RAC, defensas de parada con la zona media del antebrazo anterior ante el RPC y con la zona baja del antebrazo posterior ante el GAA.
BOX-1- Ataca con RAC.
BOX-2- Realiza defensa de desvío con la mano posterior y c/a con RAC, GPA y CAC.
BOX-1- Realiza defensa de parada con la palma de la mano posterior ante el RAC, defensa de parada con la zona baja del antebrazo anterior ante el GPA y el dorso de la mano posterior ante el CAC.

BOX-1- Ataca con RAC.
BOX-2- Realiza defensa de desvío con la mano posterior y c/a con RAC, GAA y CAC.
BOX-1- Realiza defensa de parada con la palma de la mano posterior ante el RAC, defensas de parada con la zona baja del antebrazo posterior ante el GAA y el dorso de la mano posterior ante el CAC.

Acento 8
BOX-1- Ataca con RAC y RPC.
BOX-2- Realiza defensa de parada con la palma de la mano posterior ante el RAC, defensa del tronco por torsión ante el RPC y c/a con GAA, CAC y GPA.
BOX-1- Realiza defensa de parada con la zona baja del antebrazo posterior ante el GAA, defensas de parada con el dorso de la mano posterior ante el CAC y con la zona baja del antebrazo anterior ante GPA.
BOX-1- Ataca con RAC y RPC.
BOX-2- Realiza defensas de parada con la palma de la mano ante el RAC, torsión del tronco ante el RPC y c/a con GAA, CAC y RPC.
BOX-1- Realiza defensa de parada con la zona baja del antebrazo posterior ante el GAA, defensa de parada con el dorso de la mano posterior ante el CAC y defensa de parada con la zona media del antebrazo anterior ante RPC.
BOX-1- Ataca con RAC y RPC.
BOX-2- Realiza defensas de parada con la palma de la mano posterior ante el RAC, torsión del tronco ante el RPC y c/a con GAA, GPA y CAC.
BOX-1- Realiza defensa de parada con la zona baja del antebrazo posterior ante el GAA, defensa de parada con la zona baja del antebrazo anterior ante GPA y defensa de parada con el dorso de la mano posterior ante el CAC.

Acento 9
BOX-1- Ataca con RAC y RPC.
BOX-2- Realiza defensa de parada la palma de la mano posterior ante el RAC, desvío con la mano anterior al lateral ante el RPC y c/a con RPC y CAC.

BOX-1- Realiza defensa de parada con la zona media del antebrazo anterior ante el RPC y defensa de parada con el dorso de la mano posterior ante el CAC.
BOX-1- Ataca con RAC y RPC.
BOX-2- Realiza defensa de parada con la palma de la mano posterior ante el RAC, desvío con la mano anterior al lateral ante el RPC y c/a con RPC y GAA.
BOX-1- Realiza defensa de parada con la zona media del antebrazo anterior ante el RPC y defensa de parada con zona baja del antebrazo posterior ante el GAA.
BOX-1- Ataca con RAC y RPC.
BOX-2- Realiza defensa de parada con la palma de la mano posterior ante en RAC, desvío con la mano anterior al lateral ante el RPC y c/a con RPC y RAC.
BOX-1- Realiza defensa de parada con la zona media del antebrazo anterior ante el RPC y defensa del tronco por flexión ante el RAC.

Acento 10

BOX-1- Ataca con RAC y CAC.
BOX-2- Realiza defensa de parada con la palma de la mano posterior ante el RAC, defensa de parada con el dorso de la mano posterior ante el CAC y c/a con GAA y GPA.
BOX-1- Realiza defensa de parada con la zona baja del antebrazo posterior ante el GAA y con la zona baja del antebrazo posterior ante el GPA.
BOX-1- Ataca con RAC y CPC.
BOX-2- Realiza defensa de parada con la palma de la mano posterior ante el RAC, defensa de parada con el dorso de la mano anterior ante el CPC y c/a con GPA y GAA.
BOX-1- Realiza defensa de parada con la zona baja del antebrazo anterior ante el GPA y con la zona baja del antebrazo anterior ante el GAA.
BOX-1- Ataca con RAC y CAC.
BOX-2- Realiza defensa de parada con la palma de la mano posterior ante el RAC, defensa de parada con el dorso de la mano posterior y c/a con GAA, GPA y GAA.
BOX-1- Realiza defensa de parada con la zona baja del antebrazo posterior ante el GAA, con la zona baja del antebrazo posterior an-

te el GPA y con la zona baja del antebrazo posterior ante el GAA.

BOX-1- Ataca con RAC y CPC.

BOX-2- Realiza defensa de parada con la palma de la mano posterior ante el RAC, defensa parada con el dorso de la mano anterior ante el CPC y c/a con GPA, GAA y CAC.

BOX-1- Realiza defensa de parada con la zona baja del antebrazo anterior ante el GPA, con la zona baja del antebrazo posterior ante el GAA y defensa de parada con el dorso de la mano posterior ante el CAC.

Ejemplos del contenido de los acentos para el trabajo de la escuela de combate condicionada

Acento 11

BOX-1- Ataca con RAC.

BOX-2- Realiza una defensa con las extremidades superiores y contra-ataque con un golpe a la libre elección del boxeador.

BOX-1- Realiza una defensa de su libre elección ante el contra-ataque que es objeto.

BOX-1- Ataca con RAC.

BOX-2- Realiza una defensa con las extremidades superiores y contra-ataque con dos golpe a la libre elección del boxeador.

BOX-1- Realiza una defensa de su libre elección ante el contra-ataque que es objeto.

BOX-1- Ataca con RAC.

BOX-2- Realiza una defensa con las extremidades superiores y contra-ataque con tres golpes a la libre elección del boxeador.

BOX-1- Realiza una defensa de su libre elección ante el contra-ataque que es objeto.

Acento 12

BOX-1- Ataca con RAC.

BOX-2- Realiza una defensa del tronco y contra-ataque con un golpe a la libre elección del boxeador.

BOX-1- Realiza una defensa de su libre elección ante el contra-ataque que es objeto.

BOX-1- Ataca con RAC.

BOX-2- Realiza una defensa del tronco y contra-ataque con dos golpe a la libre elección del boxeador.
BOX-1- Realiza una defensa de su libre elección ante el contra-ataque que es objeto.
BOX-1- Ataca con RAC y CPC.
BOX-2- Realiza una defensa del tronco y contra-ataque con tres golpe a la libre elección del boxeador.
BOX-1- Realiza una defensa de su libre elección ante el contra-ataque que es objeto.

Acento 13
BOX-1- Ataca con RAC.
BOX-2- Realiza una defensa con las extremidades inferiores y contra-ataque con un golpe a la libre elección del boxeador.
BOX-1- Realiza una defensa de su libre elección ante el contra-ataque que es objeto.
BOX-1- Ataca con RAC.
BOX-2- Realiza una defensa con las extremidades inferiores y contra-ataque con dos golpe a la libre elección del boxeador.
BOX-1- Realiza una defensa de su libre elección ante el contra-ataque que es objeto.
BOX-1- Ataca con RAC y CPC.
BOX-2- Realiza una defensa con las extremidades inferiores y contra-ataque con tres golpes a la libre elección del boxeador.
BOX-1- Realiza una defensa de su libre elección ante el contra-ataque que es objeto.

Acento 14
BOX-1- Ataca libre con la mano anterior.
BOX-2- Realiza una defensa del tronco y contra-ataque con un golpe al abdomen de libre elección del boxeador.
BOX-1- Realiza una defensa de su libre elección ante el contra-ataque que es objeto.
BOX-1- Ataca libre con la mano anterior.
BOX-2- Realiza una defensa del tronco y contra-ataque con un golpe a la cabeza de libre elección del boxeador.
BOX-1- Realiza una defensa de su libre elección ante el contra-ataque que es objeto.
BOX-1- Ataca libre con la mano anterior.

BOX-2- Realiza una defensa del tronco y contra-ataque con dos golpes, uno dirigido a la cabeza y otro al abdomen de libre elección del boxeador.

BOX-1- Realiza una defensa de su libre elección ante el contra-ataque que es objeto.

Acento 15

BOX-1 y BOX-2- Libre accionar ofensivo con la mano anterior.
BOX-1 y BOX-2- Libre accionar ofensivo con golpes rectos.
BOX-1 y BOX-2- Libre accionar ofensivo con ganchos.

Serian infinitos los acentos que pueden ser generados por cada entrenador a la hora de desarrollar toda la gama de posibilidades de combinación y estructuración del contenido de dichos acentos dentro de la escuela de combate. Este trabajo debe comprenderse de manera que los ejercicios incrementen su complejidad tanto de las combinaciones, defensas, contra-ataques y distancia de trabajo, así como las fases o roles dentro del ejercicio con guantes.

PAPEL DEL ENTRENADOR DURANTE EL TRABAJO DE LA ESCUELA DE BOXEO Y COMBATE.

La figura del entrenador reviste un papel trascendental cuando analizamos el proceso de formación de hábitos y habilidades deportivas, dado que aporta el patrón técnico de referencia, la dirección metodológica, el contenido técnico-táctico, elige los procedimientos, métodos y medios a utilizar para obtener los objetivos planteados, etc., todo ello, bajo criterios acordes a la edad, nivel de asimilación del contenido, características somatotípicas, estado de desarrollo de las capacidades físicas condicionales y/o coordinativas que presenta el atleta.

Se ha demostrado que en nuestro deporte más del 80 % de la información y el conocimiento entra por vía visual a través de la demostración gestual, y menos del 20 % por vía auditiva por medio de la palabra, de ahí la importancia del entrenador como patrón técnico de referencia para sus atletas. Del correcto patrón técnico, de la correcta demostración de los distintos elementos básicos del boxeo, por tanto, dependerá el éxito del proceso de enseñanza, en el cual el atleta primero reproducirá ese patrón fielmente y después formará su propia identidad como atleta.

Cuando el entrenador demuestra correctamente y con elegancia los distintos elementos básicos le resultará mucho más fácil al atleta captar los pequeños detalles técnicos, si a esto añadimos el uso correcto del lenguaje, con explicaciones claras y directas, no es difícil imaginar que este atleta avanzará, por tanto insistimos, una buena demostración y un buen uso del lenguaje técnico dan base a una correcta asimilación de la técnica y la táctica en el proceso de formación.

Cuando se trabaja en colectivo, todos los entrenadores deben conocer los objetivos de la escuelas de boxeo y combate, así como los métodos a utilizar, se expondrá antes de comenzar la clase y/o sesión de entrenamiento su punto de vista en cuanto al trabajo que se va a desarrollar, así el entrenador principal tendrá más argumentos para una mejor exposición y a los entrenadores auxiliares no le será ajeno ningún aspecto de la sesión.

El entrenador responsable de dirigir la escuela de boxeo y la escuela de combate por regla general es uno dentro del colectivo de entrenadores, aunque la clase y/o sesión de entrenamiento se prepare en colectivo, solo uno dará la parte técnica para que los alumnos se adapten al patrón técnico, así como a la voz del que lo dirige, esto no quiere decir que otro entrenador no pueda hacerlo, lo que es incorrecto es que todos los días se le cambie el patrón técnico y la forma de recibir la explicación. Por regla general el entrenador principal es el profesional más capacitado académica y empíricamente.

El atleta debe conocer el contenido de la sesión del entrenamiento antes de comenzar el calentamiento, así el atleta se prepara mentalmente, asumirá una actitud positiva para enfrentar las tareas y su disposición para vencer dificultades será mayor.

Algo que debemos tener siempre presente es que en el entrenamiento hay por regla general varios atletas y que el entrenador debe estar en constante movimiento, para así poder captar distintos ángulos de la ejecución de los movimientos por parte de los atletas, además debe estar siempre hablando, unas veces para corregir un elemento técnico mal ejecutado, otras para estimular el trabajo bien realizado o para dar explicaciones dentro del mismo trabajo sin que el atleta se detenga en sus movimientos, porque es así como recibirá gran parte de la información durante el combate.

Durante la escuela de combate es muy importante seleccionar las parejas de acuerdo al trabajo técnico-táctico que se vaya a realizar, siempre debemos recordar que preservar la integridad física de nuestros atletas es parte primordial de nuestro trabajo, pero debemos tener presente que no siempre el *BUENO* prepara al *BUENO*, hay atletas de menor nivel técnico pero dotado quizás de fuerza o rapidez que pueden trabajar con atletas de mayor nivel técnico, beneficiándose ambos, uno mejora su referente técnico y otro se ejercita en la solución de los problemas que el de menos nivel le presente, siempre bajo la estricta observación del entrenador.

Las escuelas de boxeo y de combate con todos sus métodos de trabajo son el soporte metodológico fundamental dentro de la Escuela Cubana de Boxeo, pero es el entrenador con todos sus conocimientos y experiencia, el encargado de que estos métodos funcionen, no solo como procedimientos generales del aprendizaje del boxeo, sino también para abrir el abanico de posibilidades de desarrollo que ofrecen las escuelas de boxeo y de combate cuando se trabaja con varios atletas al mismo tiempo y cada uno de ellos con entrenamientos personalizados de acuerdo a las virtudes que queremos perfeccionar o a las deficiencias que queremos erradicar, es en definitiva, una forma de hacer trabajos individuales en grupos sin restarle tiempo a las otras aristas de la preparación.

El colectivo técnico de entrenadores es el encargado del funcionamiento de las escuelas de boxeo y de combate, de seleccionar del libro de acentos cuales trabajar, cuándo cambiar las tareas, de evaluar el desempeño de los atletas en el trabajo diario y de ver cuándo una deficiencia fue erradicada o de anotar cuando surge una y qué procedimiento usar para eliminarla.

¿Qué debe poseer el entrenador durante el trabajo de la escuela de boxeo y combate?

1) Visión entrenada para ver los errores por pequeños que sean.
2) Inteligencia para llevar adelante un proceso complejo e importante.
3) Claridad de pensamiento.
4) Lenguaje claro y técnico.
5) Ser un buen patrón técnico.
6) Ser exigente y humano.
7) Poseer visión de futuro.
8) Estar convencido de la efectividad de las escuelas de boxeo y de combate en el desarrollo técnico-táctico del boxeador.

Consideramos oportuno relacionar el papel del entrenador en la escuela de combate con el trabajo de este en el contexto de actuación antes, durante y después del combate.

El entrenador de boxeo antes del combate

Para hablar del entrenador durante el combate, primero debemos referirnos a los momentos antes de comenzar el combate que tienen una vital importancia con relación al trabajo que se realizará durante la competencia.

1- El entrenador y su atleta deben llegar al lugar de la competencia no menos de una hora antes del comienzo del cartel, ambos revisarán:

a) Estado del ring, para ver si es muy acolchado o no, esto puede tener una incidencia directa con la táctica a utilizar durante el combate.
b) Estado de la luz sobre el ring, para ver si es muy intensa o muy tenue, intentar una posible solución con los organizadores.

2- Ya en el camerino escoger un lugar con las mejores condiciones posibles para realizar el calentamiento, teniendo en cuenta la temperatura, proximidad al ring, etc.

3- Tomar la frecuencia cardíaca (método pulsatorio) del atleta para compararlo, con la media que él tiene al comenzar los entrenamientos o sparring, esto nos ayuda a detectar posibles alteraciones con las cuales debemos trabajar, si es alteración por la competencia relajarlo y si no tiene una justificación lógica entonces acudimos a nuestro equipo de trabajo, médico, psicólogo, masajista, etc.

4- Pesar al atleta, esto nos permita saber si él está en su peso ideal de competencia, por debajo o por encima, lo que condicionará las orientaciones tácticas y en muchos casos el éxito del combate, ya que por una indisciplina el atleta que se excede en su alimentación después del pesaje oficial, y tiene un aumento significativo del peso por encima del peso ideal de competencia tendrá una disminución en su rendimiento competitivo pues estará más lento, falta de coordinación y rapidez entre otros factores.

5- Realizar un calentamiento pasivo por medio de manipulaciones del masaje deportivo, que prepara su organismo para el calentamiento activo (general y especial), hay atletas que no gustan del masaje antes de la competencia en este se caso se recomienda no forzarlo.

6- Antes de comenzar el calentamiento repasar la estrategia planificada para el combate, reforzar positivamente los patrones técnicos, tácticos y evaluar las posibilidades de éxito si las orientaciones se cumplen, pero además reforzar el criterio de todo el caudal de entrenamientos realizados para el combate y de sus mejores experiencias en otros combates, darle toda información posible sobre el contrario que enfrentará y de sus puntos débiles a explotar.

7- Participar activamente en el calentamiento y sobre todo que este se haga de acuerdo a las características individuales del atleta, a su temperamento, tipo de combate a realizar, y al llegar a la parte especial del calentamiento (con mascotas) repasar la táctica a utilizar durante el combate, si el contrario es fuerte, pegador de derecha y nuestro atleta va a trabajar de contra-ataque, realizar el calentamiento especial tirando nosotros la derecha y recibiendo el contra-ataque, si el contrario es zurdo nosotros tendremos que hacer el trabajo a la zurda, si es posible adoptando la postura de combate del contrario, si nuestro atleta va a pelear en corta distancia entonces tendremos que movernos hacia atrás y hacer que el pase los golpes y entre a la corta distancia a desarrollar su trabajo.

8- En la actualidad la preparación de nuestros atletas esta concebida para participar en torneos y esto crea determinadas situaciones que son propias de este tipo de participación como el de efectuar varios combates en pocos días y muchos atletas llegan a sufrir lesiones, traumas, estados gripales etc., sin perder por ello la posibilidad de seguir compitiendo y es el equipo de trabajo encabezado por el entrenador principal el encargado de trazar la estrategia de combate teniendo en cuenta estos factores, pero reforzando las virtudes de la preparación, de sus cualidades volitivas y de sus reales posibilidades de éxito.

Aquí debemos tener en cuenta la proximidad de los combates y el peso corporal, por lo que al finalizar el combate el atleta debe ser pesado, para saber cómo está en su peso valorando si es necesario entrenar con el fin de mantenernos próximo al peso ideal de competencia y no hacer grandes esfuerzos para bajar de peso cerca de la pelea próxima.

9- Después del calentamiento y mientras el atleta se recupera, el entrenador permanecerá cerca del atleta para evitar que se desconcentre, dará las últimas instrucciones siempre muy positivas, y reforzarás las virtudes del atleta y su confianza en el éxito.

Como podemos apreciar el trabajo del entrenador en la preparación con el atleta antes de subir al ring sostiene todo el posible resultado deportivo. Los resultados dependen de muchos aspectos, sin dudas, un mal calentamiento mal dirigido por exceso o por defecto, un atleta desconcentrado, un plan táctico deficiente, etc., son muchas las razones que nos obligan a darle a esta etapa de la competencia el lugar y el respeto que merece.

El entrenador de boxeo durante el combate

Al comenzar el combate el entrenador y su segundo tendrán como arma principal de trabajo la observación, el análisis de la situación y la toma de decisiones en cuanto a la estrategia a seguir.

El análisis: la observación del entrenador se basa en una visión bien entrenada para detectar todo lo que ocurre a su alrededor y que pueda influir en el accionar de su pupilo, tanto desde el punto de vista técnico-táctico, como de las condiciones externas que rodean al atleta, entre estos aspectos tenemos:

1- Observar la posición de combate del contrario.
2- La calidad de sus desplazamientos y los errores más significativos.
3- Calidad de sus ataques y sus defensas.
4- El principal problema del contrario a la defensa.
5- Principal virtud al ataque.
6- Golpe que más daño está haciendo a nuestro atleta y el modo de anularlo.
7- Ver qué golpe le está haciendo más daño al contrario.
8- Ver si la estrategia planificada antes del combate es efectiva o si debe ser cambiada.
9- Analizar el estado físico y técnico de mi atleta con relación al contrario.
10- Resultado final del asalto, si se ganó o se perdió y por qué cantidad de puntos.

Entre los factores externos tenemos:

1- Accionar del árbitro en la calidad de su trabajo.
2- Público a favor o en contra.

Al llegar el boxeador a la esquina lo más importante es saber qué tipo de recuperación vamos a utilizar y esto lo determina por regla general la intensidad del trabajo realizado en el asalto por ejemplo:

1- Si no hubo mucha intensidad de trabajo él puede recuperarse de pie siempre de frente a la esquina del contrario y el segundo le echará aire con la toalla, o sencillamente se sentará cómodamente con las manos sobre las piernas permitiendo el trabajo del entrenador y su segundo.

2- Si fue un asalto de mediana intensidad lo sentaremos y se utilizarán las bolsas heladas una sobre el pecho y la otra en la nuca para acelerar el proceso de recuperación, por medio del enfriamiento corporal.

3-. Cuando el atleta llega con un nivel alto de agotamiento se utilizarán las bolsas heladas (pecho, nuca y axilas), además se le recibirá en la esquina con una esponja y se rociará con agua helada en el cuello y la cara, se estirará la faja para ayudarlo a una mejor respiración y dejar pasar el agua hacia los genitales, se puede echar agua fría sobre la cabeza y con esa toalla húmeda se le echará aire y será secado antes de salir de la esquina.

Pero si ya analizamos que tipo de recuperación le vamos a dar a nuestro atleta entonces lo más importante es quitarle el protector bucal, pero no se le dará agua inmediatamente se esperará a que el atleta restablezca la deuda de oxigeno y regule su respiración (20-30 segundos) y solo se le darán las instrucciones para el próximo asalto al final del minuto de descanso y estas serán cortas, claras y precisas.

Es preciso señalar que en este minuto el entrenador y su segundo tienen que ser un equipo para poder trabajar con precisión todos los inconvenientes que se presenten, por ejemplo: cuando un atleta llega con una lesión, después de quitado el protector bucal, el entrenador principal se ocupará del estado de la lesión y su posible solución, mientras el segundo se ocupará de la recuperación.

Ya al estar el atleta listo en su recuperación entonces el entrenador recomendará la táctica a utilizar por su pupilo haciendo énfasis en aquellos aspectos que él considere que pueden poner en peligro el éxito y en la táctica qué debe utilizar para conseguirlo.

Pero debemos señalar que en la comunicación del entrenador con su atleta hay señas, palabras, gestos que el mismo atleta mira para su esquina buscando información que el entrenador le dará, por lo que no es necesario esperar el minuto de descanso para cambiar el plan técnico-táctico del combate, esto se hará en cualquier momento o asalto del combate.

Al hablar sobre el trabajo del segundo entrenador en la esquina debemos señalar su importancia, él puede ver cosas que el primer entrenador no vio, y transmitírselas, a pesar de que su trabajo no es dirigir el combate él juega un papel fundamental en la recuperación eficiente de los atletas en el minuto de descanso y en otras ocasiones buscar información sobre la puntuación del combate hasta ese momento y al transmitírsela al primer entrenador puede cambiar la táctica de combate que se venía realizando hasta ese momento.

Otro aspecto a tener en cuenta es el sentido de responsabilidad y humanitarismo que recae sobre el entrenador cuando nuestro atleta aun haciendo gran derroche de valor y perseverancia no es posible superar la gestión técnico-táctica, fuerza, habilidad o maestría del contrario es necesario detener el combate para evitar un castigo innecesario que en nada ayudaría a su desarrollo posterior.

El entrenador de boxeo después del combate

Finalizado el combate y sin importar el resultado obtenido el entrenador felicitará al atleta por el esfuerzo realizado y lo ayudará a bajar del ring acompañándolo hasta el camerino.

En un torneo antes del combate se debería haber preparado un equipo de filmación o de personas para seguir el accionar del deportista y así poder analizar aspectos del combate tales como:

1- ¿Cuál fue la frecuencia de golpeo en el combate por asaltos?
2- ¿Cuál fue la exactitud del golpeo por asalto?
3- ¿Cuáles fueron mis principales deficiencias a la defensa?
4- ¿Cuáles fueron mis principales virtudes al ataque?

Este análisis no se efectuará la misma noche de la competición, sino a la mañana siguiente cuando el atleta esté recuperado del esfuerzo realizado, como está grabado igualmente el próximo contrario (en su combate anterior) sería un buen momento para empezar a preparar el trabajo técnico-táctico y estratégico para el siguiente combate, tal como se ha hecho con el anterior.

La labor del entrenador antes, durante, y después del combate están firmemente unidas, no se puede concebir una sin la preparación de la otra y todas son muy importantes, pues es este y no otro el momento de recoger el fruto de cientos de horas de preparación y esfuerzo realizado tanto por el atleta como por el equipo multidisciplinar de trabajo que lo acompaña en el empeño de alcanzar la élite boxística.

MEDIOS DE LA PREPARACIÓN ESPECIAL EN LA ESCUELA CUBANA DE BOXEO.

Al hablar de medios e intentar hacer una aproximación conceptual a los mismos, debemos entenderlos, desde nuestra perspectiva, como el soporte material del método. Desde esta comprensión analizaremos en el presente capítulo de forma concreta y detallada los diferentes aspectos que soportan los métodos de preparación especial en el boxeo. La preparación especial en la Escuela Cubana de Boxeo, históricamente se ha desarrollado por medio de los siguientes elementos de trabajo, que son:

1- Los sacos.
2- Las peras (de arena y de aire).
3- Las suizas (combas).
4- El trabajo en la sombra.
5- Los desplazamientos.
6- El trabajo en los espejos.
7- Los aparatos de esquiva rotativa o circular.
8- Los ejercicios variados de boxeo.
9- Las mascotas.
10- El juego.
11- Los trabajos individuales.
12- Los ejercicios de rutina del boxeador.
13- El cojín de pared.

Cada uno de estos medios especiales son utilizados para formar al atleta en su accionar técnico-táctico y competitivo, pero además le permiten al entrenador disponer de un abanico de posibilidades distintas a la hora de atender las múltiples características y necesidades individuales de los atletas dentro de una misma clase y/o sesión de entrenamiento.

Dentro del entrenamiento el grupo trabaja de forma general y colectiva, así el trabajo de cada atleta se desarrolla en el calentamiento, al llegar a la escuela de boxeo los atletas trabajan uniformemente en hileras, círculos o parejas, lo mismo pasa como generalidad con las distintas variantes de las escuelas de combate, pero al llegar a la preparación especial el entrenamiento se abre, por ejemplo: 4 atletas van a los sacos , 3 trabajarán en sombra, 2 realizarán las suizas, 3 ejercitarán la esquiva circular o rotativa, cada uno de estos elementos especiales de trabajo que tiene a disposición el entrenador tienen sus propias características a la hora de ser utilizados, por tanto, cambia el patrón del entrenamiento que se venía desarrollando para hacerlo más individual, a esto súmele que en el trabajo en los sacos hay 4 atletas con particularidades diferentes y el entrenador manda trabajos de acuerdo a dichas particularidades, los de la sombra realizarán trabajos de defensas y contra-ataques, los de la suiza utilizarán ritmos de trabajos diferentes, esto es solo un ejemplo de cuanto se puede diversificar el entrenamiento al llegar a la etapa de la preparación especial dentro de una misma clase y/o sesión de entrenamiento.

Cada día toma mayor importancia la preparación especial como factor medular dentro del contenido de la preparación en los atletas de deportes de combates, porque la actividad básica de nuestro deporte es combatir y eso solo lo logramos con los medios especiales, cuando competimos cumplimos tareas técnicas y tácticas que solo podemos desarrollar con los medios especiales.

Es prioritario profundizar con los atletas en el aprendizaje y perfeccionamiento con el trabajo en los distintos medios de la preparación especial. Hay que educar desde el orden teórico hasta el gestual del uso de cada aparato especial, qué golpes se pueden ejecutar y cuáles no, cuáles distancias son más aconsejables en cada aparato, etc., procurando que cada boxeador conozca las ventajas y limitaciones de cada uno de los medios especiales, las técnicas que preferentemente deben ejercitar, así mismo, el entrenador debe dominar la vía para sacarle a cada aparato el máximo provecho para el desarrollo individual de cada atleta en particular de acuerdo a su nivel, peso, categoría o experiencia deportiva.

1-. El trabajo con los sacos: son los medios especiales más usados en el boxeo, pueden ser de variados tamaños de acuerdo al peso del atleta que va a trabajar en ellos, y se pueden emplear de las siguientes maneras:

   a) Para enseñar la técnica de un golpe de manera individual.
   b) Para desarrollar la resistencia especial.
   c) Para desarrollar la fuerza especial.
   d) Para desarrollar la frecuencia de golpeo.
   e) Para acentuar la intensidad del entrenamiento en la etapa competitiva.

f) Para trabajos individuales de cualquier tipo.
g) Para utilizar el golpeo de contrastes: lento-rápido y rápido-fuerte.
h) Para trabajar las distintas distancias de combate.
i) Para la práctica de una táctica de combate.
j) Para que el atleta al trabajar libre, desarrolle su independencia táctica y pensamiento operativo.

Como podemos apreciar son muchas las formas de trabajo en el saco, pero tiene una gran responsabilidad y rol activo en este trabajo el entrenador, pues es el encargado de impartir instrucciones a sus pupilos durante todo el entrenamiento, los asaltos con tareas del entrenador crean la disciplina táctica, pues en el combate es el que guiará el accionar del atleta, siempre se trabajaran asaltos libres en los cuales el desarrollará su creatividad, pero la mayoría de ellos serán dirigidos por el entrenador.

No resulta lógico que un entrenamiento que tenga como objetivo desde la escuela de boxeo las combinaciones de dos golpes, pase a la escuela de combate como combinaciones de dos golpes y al llegar a la especial el atleta llegue al saco trabaje libre y en su entusiasmo trabaje combinaciones de 3, 4 y 5 golpes de fuerza, que nada tienen que ver con su estilo de combate o los objetivos inicialmente marcados.

El saco es el medio especial que más ayuda al atleta a formar sus líneas de ataques y defensas, a mantener la posición de combate, a emplearse y trabajar sobre el cansancio, así como en la compensación de los esfuerzos, en su accionar es lo más parecido a un combate real, es de gran ayuda para los entrenadores tanto desde el punto de vista físico, como técnico-táctico.

2- Las peras de arena: son de gran utilidad por su movilidad, lo que hace que los atletas tengan que desarrollar desplazamientos muy rápido para poder pegar, en ella se trabajan los golpes rectos, cruzados y sus combinaciones, son muy practicas para que los atletas hagan defensas tales como, torsión del tronco, flexión del tronco, circunducción del tronco en ambos sentidos, giros de piernas, pasos laterales, pasos atrás, desplazamientos circulares y además de ejercitar el golpeo en movimiento. Se define como *pera de arena*, pero en realidad su contenido deben ser granos como: maíz y/o frijol. Son muy practicas para que los nuevos atletas aprendan a trabajar con los rectos y a buscar un correcto acople del tren superior e inferior.

La pera de aire: Nos ofrece la posibilidad de desarrollar la coordinación de movimientos y el acople del trabajo del tren superior e inferior, además una gran intensidad y rapidez de golpeo.

3- Las suizas: como medio especial es tremendamente importante pues su realización abarca todas las etapas de preparación y con ella se pueden realizar infinidad de trabajos como por ejemplo: trabajos de resistencia, rapidez y coordinación de movimientos, en días de lluvias es capaz de sustituir hasta a la propia carrera continua, por ello, es sumamente vital que todos los atletas dominen este medio por su gran utilidad práctica, la coordinación de movimientos que se adquiere en el trabajo con las suizas no la podemos alcanzar con ninguno de los medios especiales. Por sus características la suiza ofrece mucho apoyo y posibilidades al entrenador dentro de cualquier sesión de entrenamiento, además el entrenador o el atleta la pueden trasladar con facilidad y es por eso muy asequible aun estando de viaje, o en entrenamientos al aire libre.

4- La sombra: este medio de la preparación especial nos aporta todo la gama de posibilidades que seamos capaces de imaginarnos, desde un gran combate, hasta el ataque mejor elaborado, es un ejercicio donde el atleta desarrollará un combate imaginario bajo las directrices que el entrenador entienda, aquí perfeccionamos desde la parada de combate hasta el desplazamiento pasando por todos los golpes clásicos, sean individuales o en combinaciones, las defensas, los contra-ataques, en definitiva todo el contenido del campo táctico de este deporte. El ejercicio de la sombra exige del entrenador una constante observación y corrección de errores.

Desde el primer día de entrenamiento, ya empezamos a relacionar los elementos básicos del boxeo en una metodología que permite interconectar gestualmente los movimientos de piernas por pasos con los desplazamientos y unido a estos con el aprendizaje de las acciones de golpeo hasta llegar a la sombra. La sombra es el primer contexto donde los talentos de cada atleta se dejan ver por vez primera, es sin duda, la sombra el medio para apreciar y evaluar la imaginación, el pensamiento creativo, la inteligencia y el estilo preferencial de gestión técnico-táctica de un atleta en la práctica.

En ella podemos trabajar combinaciones donde predomine la resistencia, la fuerza, la rapidez de movimiento o la coordinación, nos imaginamos o le orientamos al boxeador un ataque en el que él tenga que realizar un contra-atacar, le solicitamos acciones ofensivas donde estén presentes los golpeos de contrastes, es decir, rápidos-fuertes, lentos-rápidos, etc.

5- Los desplazamientos: es la base de todos los movimientos del boxeo o maniobras que se ejecutan sobre el ring, es el factor condicionante de las acciones ofensivas directas, de las acciones defensivas de esquiva o afrontamiento, las acciones ofensivas indirectas (contra-ataque), se trabaja por tanto en todas las etapas de la preparación del deportista, siendo muy importante desarrollar los desplazamientos cuando el atleta se encuentra en el nivel de iniciación y perfeccionamiento.

La movilidad y el empleo de los desplazamientos en su gestión es un distintivo de la Escuela Cubana de Boxeo, lo cual queda justificado desde numerosas investigaciones efectuadas en Cuba, que han demostrado estadísticamente que independientemente de la experiencia competitiva, el estilo preferente de combate, la división de peso, la edad, las particularidades físicas individuales, etc., cuando se desarrolla la estrategia competitiva que fuere en un combate con un acento determinante en los desplazamientos, se cumplen (por regla general) las siguientes regularidades:

a) **Se reducen la efectividad de los ataques del contrario**; ya que es potencialmente más efectivo dirigir los ataques a un blanco estático que a un blanco en movimiento (por los compromisos posturales inherentes a los ataques en movimiento).
b) **Se reducen el número de ataques del contrario**; ya que la disponibilidad del sujeto que antes estaba netamente en función de la realización de acciones ofensivas ahora esta primero en función de alcanzar, literalmente, al oponente.
c) **Se incrementa la efectividad defensiva del practicante**; dada la condición que desempeñan las defensas que se ejecutan con las piernas, que es la de romper temporalmente la distancia de combate, reduce considerablemente el riesgo y daño físico ante cualquier ataque del oponente, puesto que no llegan hacer contacto con la anatomía del boxeador que las ejecuta.

Por tanto, un boxeador que emplee el desplazamiento con efectividad es un contrario sumamente difícil, pues reduce la efectividad y el número de ataques del contrario, incrementa la efectividad defensiva, garantiza trabajar las distintas distancias de combates con acierto, buscar los espacios libres, llegar con rapidez a la zona donde tengo orientado golpear, salir de las zonas de peligros, etc.

Los desplazamientos los podemos realizar con mucha rapidez, o más lentos, también con pasos siendo esta variante más utilizadas por los pesos grandes.

El desplazamiento debe responder a un fin ya predeterminado por el entrenador a partir del planteamiento táctico del combate, se trabaja en todas las etapas de preparación y es fundamental para desarrollar el pensamiento técnico- táctico del atleta.

7- El espejo: es la forma más simple de que el atleta se vea, se conozca, que se valore, es un implemento básico para el desarrollo de la técnica desde el punto de vista individual y de corrección de errores, aquí el atleta toma conciencia de cuáles son sus errores, los visualiza esto permitirá que le resulte más fácil trabajar sobre ellos y eliminarlos. *No se puede mejorar un error, que no se reconozca.*

En el espejo se puede trabajar por asaltos o como trabajo individual el tiempo que considere el entrenador, lo que siempre hay que tener claro es el objetivo para el que fue planificado el trabajo en el espejo.

Lo que no es recomendable es trabajar un aparato especial y simultáneamente mirarse en el espejo por que se perdería la concentración de la atención y la objetividad del ejercicio.

8- Aparatos para la esquiva rotativa o circular: la gama de aparatos que son utilizados para desarrollar la esquiva rotativa o circular pueden ser muy variados y cada entrenador tiene la libertad de crear nuevos implementos que se ajusten a las necesidades o niveles de exigencias de sus atletas en su realización. Frecuentemente se emplea una, dos, o tres cintas o cuerdas de varios metros de largo de una pared a otra y a la altura de los hombros del ejecutante, los atletas avanzarán haciendo movimientos de circunducción del tronco (antiguamente llamado wui-wuin en Cuba) con pasos, atacando con ganchos, rectos o cruzados y sus combinaciones. Este medio especial es típico de emplearse con mucha mayor frecuencia en la preparación de peleadores de corta y media distancia. Son ejercicios que se orientan como trabajo individual, también se puede agregar como asalto en la preparación especial.

9- Los ejercicios variados de boxeo: son movimientos aleatorios donde el atleta camina o realiza pequeños saltos haciendo acciones de imitación de golpes, defensas, movimientos de tronco, etc. Su función principal es hacer del descanso entre asaltos un descanso activo, procurando que en las competencias el descanso que se realiza sentado en la esquina (pasivo) sea subjetiva y objetivamente experimentado por el boxeador como una recuperación más efectiva. Estos ejercicios variados de boxeo se emplean igualmente en los circuitos de resistencia a la rapidez, y en cualquier otro trabajo que el entrenador considere beneficioso, en la etapa competitiva es un elemento muy utilizado por los entrenadores.

Se trabaja en todas las etapas de preparación y su tiempo de trabajo son las micro y macro pausas de entrenamiento, este trabajo no lleva ninguna intensidad, es necesario velar porque el atleta no se exceda para que los ejercicios variados cumplan su función, sin una acumulación importante de cansancio o esfuerzo.

10- Las mascotas: es el principal medio auxiliar de la preparación técnico-táctico, con ellas se pueden trabajar todos los factores que intervienen en la preparación del boxeador desde aspectos de la preparación física especial, así como de la técnica, la táctica y la estrategia, se utilizan durante el proceso del entrenamiento y también en las competencias durante el calentamiento especial. Ayudan a afianzar considerablemente los distintos hábitos y habilidades boxísticas aprendidas, dado el interés y la demanda por parte de los boxeadores es necesario hacer una planificación correcta y por objetivos para el trabajo individual con mascotas.

11- El juego: tiene un papel fundamental como medio especial, pero no es el juego que se emplea durante la preparación física general, estamos hablando ahora del juego que tributa a la preparación física especial como pueden ser:

✓ El *toca-toca*: ambos atletas en posición de combate se tocan la rodilla de la pierna más adelantada, este juego desarrolla el pensamiento táctico, la velocidad de reacción, la agilidad, la coordinación de movimientos, y habilidades defensivas con las piernas.

Este juego puede tomar un mayor grado de exigencia táctica, cuando lo ejecutamos hacia los hombros y ambos atletas intentarán tocarse el hombro más adelantado simultáneamente, aquí se utilizarían más defensas con las manos, los pasos atrás, los giros, desvíos, etc., si orientamos que es válido tocar los dos hombros entonces ya estaríamos trabajando el juego y acentuando el trabajo en las distancias extra-larga, larga y media por excelencia.

El juego como factor de preparación especial, sería de gran utilidad en todas las categorías pero adquiere un mayor protagonismo en las categorías de edades inferiores (cadetes y juveniles).

12- Los trabajos individuales: son tareas que desarrolla el entrenador con un solo atleta teniendo como fin la atención de una determinada cualidad física, alguna técnica muy específica, o cualquier actividad que sirva para incrementar una capacidad física o técnico-táctica.

Los trabajos individuales se realizan en cualquier etapa de la preparación, y pueden trabajarse dentro del entrenamiento o puede tener un tiempo muy específico para su realización en otro momento del día.

Se pueden realizar con los desplazamientos, con los aparatos, con mascotas, en el espejo, en las sombras, con pesas, en carreras, con charlas y conferencias, viendo videos de combates, etc.

Es muy importante en la preparación técnico-táctica antes del combate, con el trabajo individual el entrenador tiene una herramienta a mano capaz de hacer avanzar al atleta venciendo las dificultades que se van presentando y que entorpecen su desarrollo.

13- Los trabajos de rutina del boxeador: son asaltos de trabajos donde el atleta crea movimientos y rompe patrones de orden técnico, son asaltos de improvisación con un sentido lúdico y de relax. Si todo el contenido del entrenamiento tiene un orden, una disciplina general, alto rigor y exigencia técnico-táctica, etc., en estos asaltos el boxeador tendrá total libertad y espontaneidad, se trabaja en todas las etapas pero es más utilizada en la etapa competitiva al final de las sesiones cortas e intensas de entrenamiento, donde el atleta de forma distendida y relajada repasará el plan táctico del combate como parte del trabajo de rutina.

14- El cojín de pared: es muy utilizado por la Escuela Cubana de Boxeo por las amplias posibilidades que ofrece a lo largo de todo el proceso de preparación, con atletas principiantes, es muy útil para el aprendizaje y perfeccionamiento de los diferentes elementos técnicos de golpeo con rectos, el sentido de la distancia, etc. Indirectamente condiciona el trabajo de los desplazamientos con pasos diagonales, circulares, giros, con el objetivo de que el boxeador no se quede estático ya que al estar el cojín fijo a la pared toda la movilidad la pone el boxeador en conjunto con las maniobras de preparación de los ataques, fintas, etc.

Como podemos apreciar los medios especiales nos pueden ayudar a desarrollar: 1) La técnica; 2) La táctica; 3) La estrategia para un combate; 4) Factores de la preparación física especial de resistencia, fuerza, rapidez, y la coordinación de movimiento; 5) Trabajos individuales; 6) Las cualidades volitivas, tenacidad, valor, seguridad, confianza, etc.

Seguidamente ofrecemos, a modo de ejemplos algunos objetivos específicos orientadores del trabajo de cada uno de los componentes de la preparación para un año de trabajo con boxeadores estilo olímpico en Cuba, así como una serie de aparatos complementarios de la preparación especial que pueden resultar de gran utilidad.

Objetivos específicos para boxeadores estilo olímpico para un año de preparación:

1. Preparación Física General (PFG): lograr que el atleta aumente su nivel de resistencia general y especial; incrementar la fuerza general en un 3%; aumentar el nivel de la coordinación general.
2. Preparación Técnica (PT): perfeccionar el trabajo en larga distancia en todas sus variantes; incrementar las defensas para que contribuyan a una mayor gama de posibilidades de contra-ataques desde la distancia larga; mejorar el trabajo en la media distancia.
3. Preparación Táctica (PT): lograr que los boxeadores gestionen desde la larga distancia el 70% del tiempo de trabajo; aprender el trabajo contra las cuerdas, cómo salir y contra-atacar; utilizar los contrastes ofensivos de rapidez-fuerza.
4. Preparación Competitiva (PC): realizar 25 peleas preparatorias; participar y obtener medalla en el Torneo Nacional Playa Girón; participar y ganar el Torneo Internacional Roberto Balado.
5. Objetivo específico del entrenamiento: llegar con un % de cumplimiento del Plan de Entrenamiento por encima del 95%.

Aparatos complementarios de la preparación especial de los boxeadores estilo olímpico:

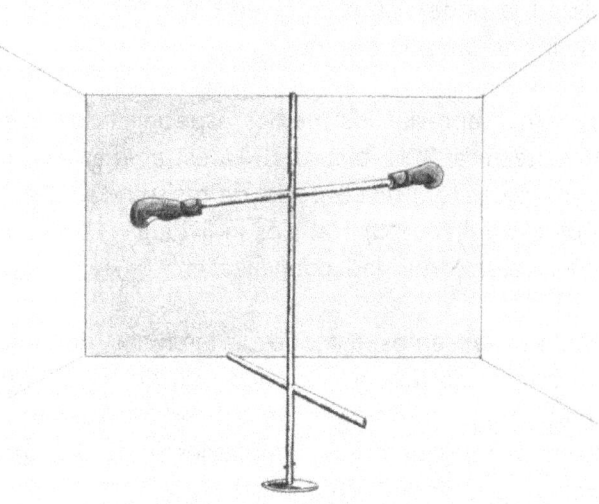

Imagen 5. Aparato para desarrollar las esquivas rotativas o circulares con desplazamientos circulares.

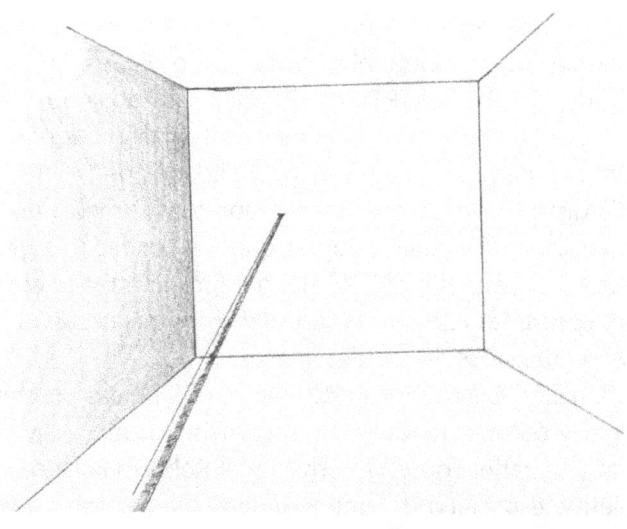

Imagen 6. Aparato para desarrollar las esquivas rotativas simples con desplazamientos lineales.

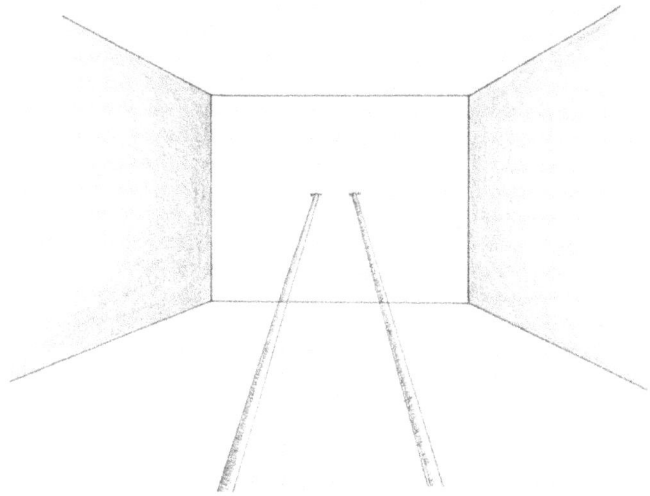

Imagen 7. Aparato para desarrollar las esquivas rotativas dobles con desplazamientos lineales.

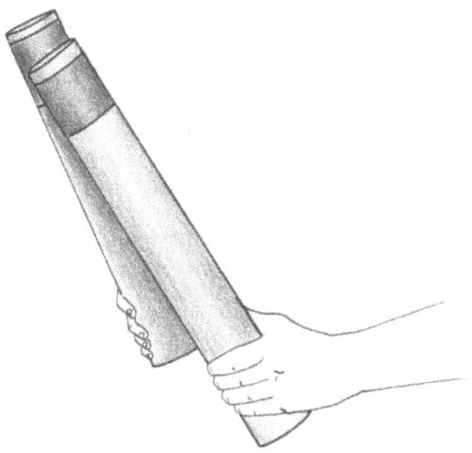

Imagen 8. Palos de goma empleados para la precisión y rapidez de acciones ofensivas y defensivas.

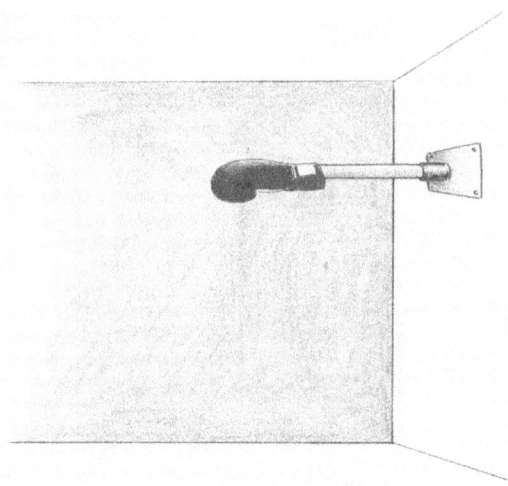

Imagen 9. Aparato para desarrollar las defensas de flexión, torsión y circunducción del tronco.

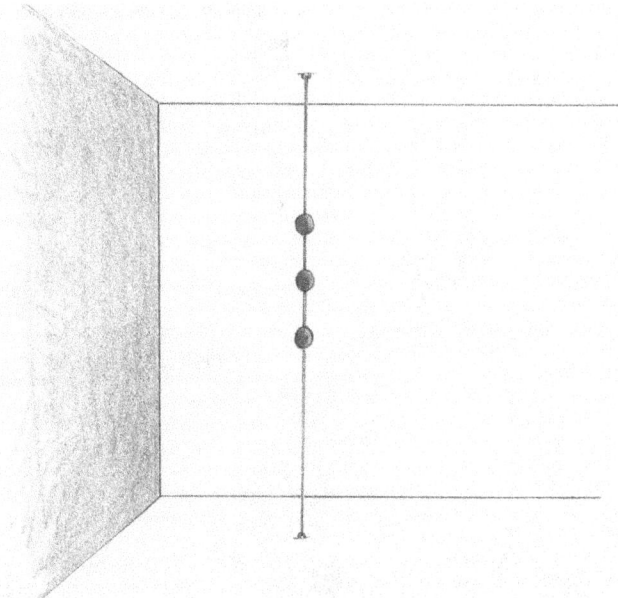

Imagen 10. Aparato fijo que se emplea para la precisión y rapidez de las acciones ofensivas.

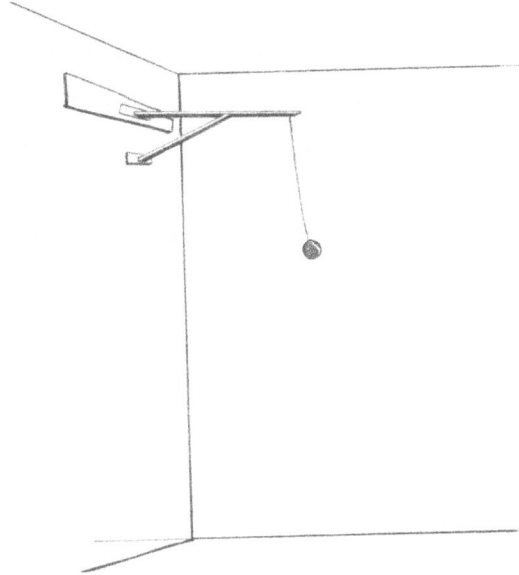

Imagen 11. Aparato colgante que se emplea para la precisión y rapidez de las acciones ofensivas y defensivas.

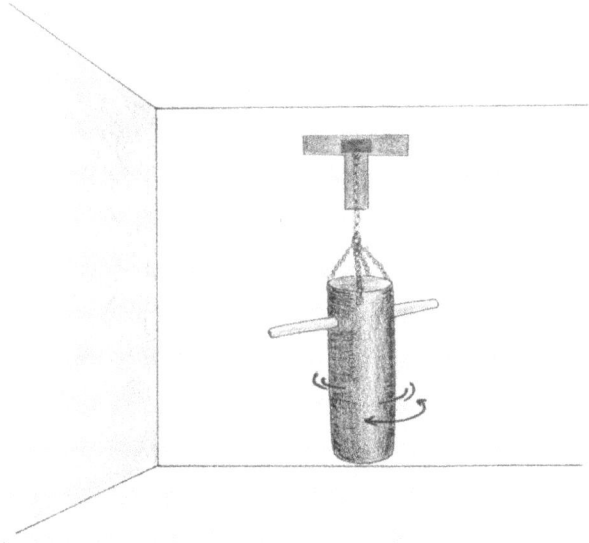

Imagen 12. Saco adaptado para la precisión y rapidez de las acciones defensivas y contraataques.

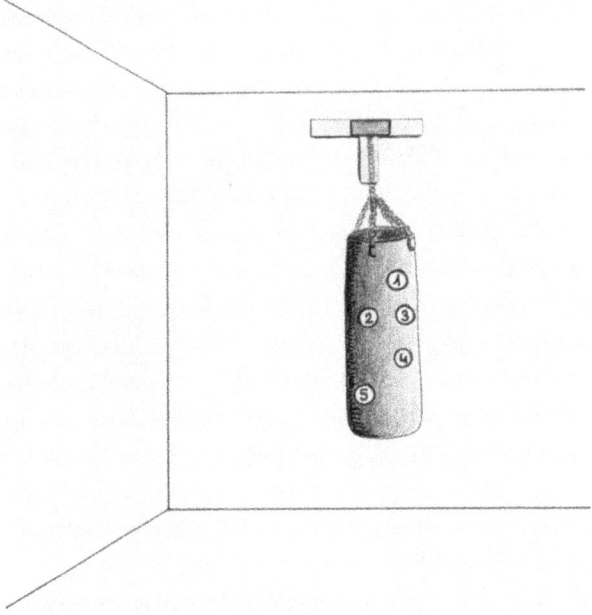

Imagen 13. Saco adaptado para la precisión y rapidez de las acciones ofensivas.

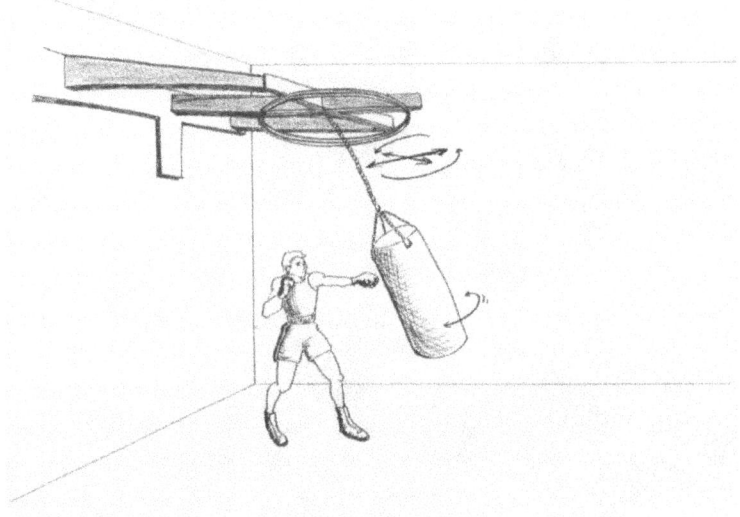

Imagen 14. Saco adaptado para trabajar el golpeo en movimiento lineal y circular.

Los aparatos que a continuación se ilustran son empleados con regularidad por la Escuela Cubana de Boxeo al desarrollar los trabajos individuales y especiales de carácter físico.

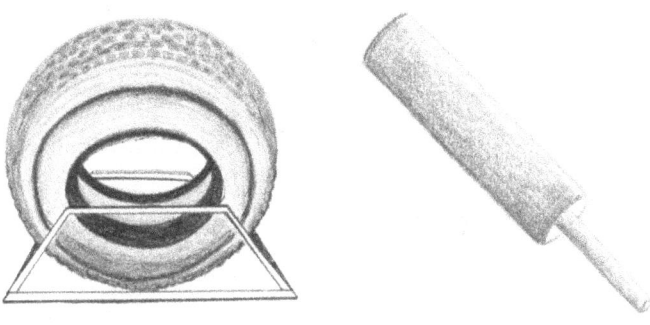

Imagen 15. Rueda de goma vertical para el trabajo físico de resistencia a la fuerza y a la rapidez.

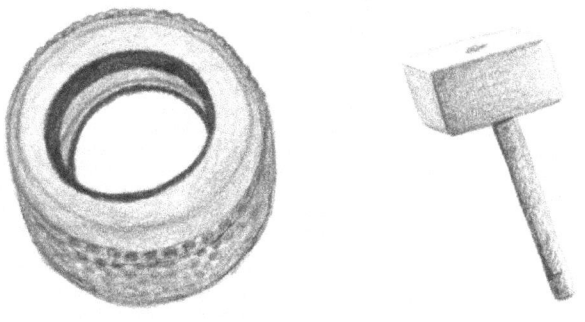

Imagen 16. Rueda de goma horizontal para el trabajo físico de resistencia a la fuerza.

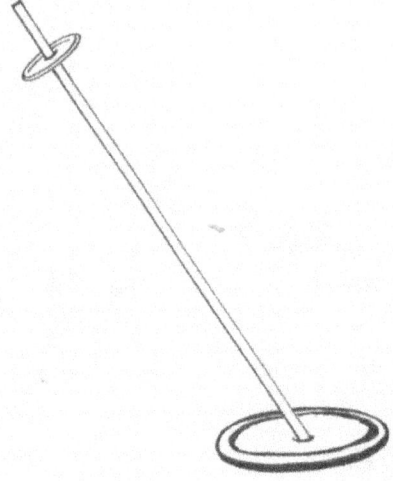

Imagen 17. Barra vertical con peso para el trabajo físico de resistencia a la fuerza y a la rapidez.

Imagen 18. Correa sujeta a la cabeza con peso empleada para el fortalecimiento de la musculatura del cuello.

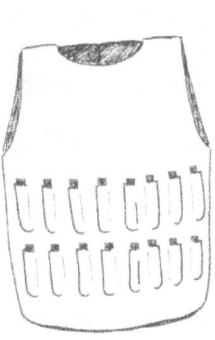 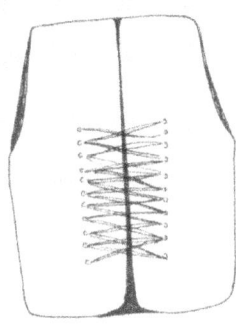

Imagen 19. Chaleco con barras de plomo para el trabajo especial de resistencia a la fuerza y a la rapidez.

Imagen 20. Cintas con barras de plomo para el trabajo físico especial de brazos y piernas.

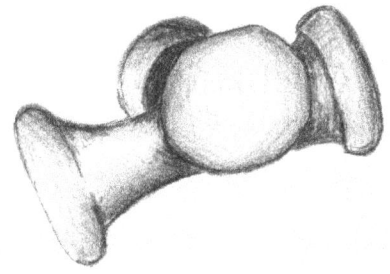

Imagen 21. Mancuernas empleadas para el trabajo especial de fuerza, resistencia a la fuerza y a la rapidez durante la realización de sombra, mascotas, etc.

Las posibilidades e inventiva en la creación de nuevos medios para la preparación especial tanto técnico-táctico, como físico pueden ser infinitos y ellos encontrarán siempre como principal motor impulsor las necesidades y condiciones materiales de las que dispongan cada entrenador en el proceso de preparación y adquisición del estado de forma deportiva de sus boxeadores.

PRINCIPAL MEDIO AUXILIAR DE LA PREPARACIÓN TÉCNICO-TÁCTICA.

Dentro de los medios auxiliares con que se implementa la preparación técnico-táctica, encontramos como los más utilizados e importantes en términos organizacionales, a la escuela de boxeo en conjunto a la escuela de combate y, en términos operativos, tenemos el trabajo individual con las "manoplas" que es sin dudas el modo más personalizado con el que se pueden perfeccionar los diferentes aspectos de la referida preparación en los boxeadores.

A mediados del año 1963 llegó a Cuba el primer técnico extranjero que prestaría asesoría técnica a la preselección nacional cubana de boxeo. Este entrenador nombrado Curt Rossentrit, de la RDA, fue quien introdujo en nuestro país las mascotas.

Podemos decir que desde esa fecha hasta la actualidad las mascotas son un medio de preparación inseparable del entrenador cubano, hecho este que avalado por los resultados y el prestigio internacional alcanzado por la Escuela Cubana de Boxeo, motivando su uso en muchos países del mundo, ya no solo en la preparación de boxeadores aficionados sino incluso en el boxeo rentado.

Según varias investigaciones, los trabajos sobre técnica y táctica que hoy se realizan con las mascotas, antes se hacían con el saco colgante. Este implemento era empleado por el entrenador, para que su discípulo le conectara los golpes que él le orientaba (desde cierta distancia o sujetando el saco colgante), así como los desplazamientos, giros, las acciones de ataque y contra-ataque, etc. Hecho que ha trascendido en el tiempo y aún en nuestros días se mantiene como una práctica cotidiana por muchos entrenadores, aunque no todos son conscientes de sus orígenes.

Dentro de la tipología de mascotas que son empleadas por el gremio de entrenadores de boxeo se subdividen atendiendo tanto en su tamaño (grandes, medianas, pequeñas), como en su forma (rectas, curvas, redonda, imitando un guante, etc.), e incluso son denominadas de maneras muy variadas, este implemento es reconocido igualmente como guanteletas, paos, manoplas, mascotas, etc.

Por lo anteriormente dicho es una prioridad para los autores la determinación de una serie de cuestiones técnico-metodológicas de obligatorio cumplimiento por parte del entrenador en el trabajo individual con las manoplas.

Dentro de las orientaciones metodológicas inviolables y más generales a cumplir en el trabajo individual con las manoplas se encuentran las siguientes:

- Velar por el cumplimiento exacto de los criterios técnicos rectores del elemento técnico que fuere durante dicho trabajo.
- Colocar las manoplas, sin importar el elemento de golpeo que fuere, en torno a la línea media del cuerpo.
- Colocar la posición de las manoplas para que el practicante golpee, solo instantes antes de solicitar la realización de la acción ofensiva que fuere.
- No adelantar la mano en busca del golpe sin que este no haya finalizado toda su trayectoria.

Los errores técnicos-metodológicos más comunes en los que se incurren por parte del gremio técnico en la realización del trabajo con manoplas se identifican con:

o La separación excesivamente de las manoplas en el momento de recibir las acciones de golpeo que fueren.
o El moverse igual o más que el boxeador que recibe el trabajo individual con manoplas.
o La no colocación de las manoplas tomando como referencia la estatura del boxeador con el que se realiza este tipo trabajo.
o No exigir que el golpeo haga impacto en la diana que siempre aparece señalizada en todas las manoplas.

En relación a la elección del modelo de mascotas preferente, así como la utilización de otros complementos en este sentido como el protector ventral, etc., obedecen a criterios más objetivos que el mero gusto o la comodidad que se experimente con la mascota. En este sentido se deben sopesar a la hora de elegir la mascota, entre otros, dos criterios fundamentales:

1. En función del grupo de categoría de peso a la que pertenece el boxeador con el que se va a realizar el trabajo individual:

- Si el boxeador pertenece al grupo #1 de pesos-ligeros (49-52-56-60 Kg), dadas las características de estos competidores se deben emplear mascotas pequeñas de forma curva, con poco relleno.
- Si pertenece al grupo #2 de pesos-medios (64-69-75 Kg), entonces es pertinente emplear mascotas de tamaño mediano y de forma semi-plana, con poco relleno.
- En el grupo #3 de pesos-pesados (81-91-+91 Kg), debe desarrollarse el trabajo con manoplas grandes, planas y con el máximo relleno posible.

2. Según el objetivo que encierra el trabajo individual con mascotas que fuere, es decir:

- Si el objetivo que se persigue va dirigido al mejoramiento de la exactitud en el golpeo o del conjunto de contra-ataques tanto en forma de riposta como de encuentro, es recomendable el empleo de mascotas preferiblemente en forma de guantes.
- Cuando el objetivo de la sesión de trabajo con manoplas se centra en el trabajo especial de la rapidez de movimiento o de resistencia a la velocidad, sería oportuno el empleo de mascotas pequeñas, de forma curva o semi-plana con poco relleno.
- Si la finalidad del trabajo individual con mascotas se identifica con el desarrollo de fuerza especial o la resistencia a la fuerza especial, las mascotas deberían ser grandes, planas y con suficiente relleno, para que el efecto del impacto de los golpes sea menor tanto para el boxeador, como para el entrenador.

A continuación se ofrecerán las posiciones fundamentales a la hora de desarrollar el trabajo individual con manoplas. Estas imágenes se orientan para el desarrollo de este tipo de trabajo con un practicante que posee una posición de guardia derecha (por ser más comunes los practicantes derechos). Las modificaciones que se adoptarán por parte del entrenador a la hora de llevar a cabo este trabajo con practicantes zurdos (posición de guardia izquierda) estribarían en el cambio de la colocación de los pies y las manos para cada caso, dígase: pierna y mano posterior pasaría adelante y viceversa.

Imagen 22. Posición de las manoplas para recibir el RAC y/o RPC.

Imagen 23. Posición de las manoplas para recibir el RAC y RPC.

Imagen 24. Posición de las manoplas para recibir el RAA y RPA.

Imagen 25. Posición de las manoplas para recibir el CAC.

Imagen 26. Posición de las manoplas para recibir el CAC.

Imagen 27. Posición de las manoplas para recibir el CAA.

Imagen 28. Posición de las manoplas para recibir el CPA.

Imagen 29. Posición de las manoplas para recibir el GAC.

Imagen 30. Posición de las manoplas para recibir el GPC.

Imagen 31. Posición de las manoplas para recibir el GAA.

Imagen 32. Posición de las manoplas para recibir el GPA.

Imagen 33. Posición de las manoplas para recibir combinaciones: Rectos- Ganchos.

Imagen 34. Posición de las manoplas para recibir combinaciones: Rectos-Cruzados.

Imagen 35. Posición de las manoplas para recibir combinaciones: Cruzados-Ganchos.

El uso de las mascotas en el calentamiento previo a los combates deberá atender no solo a los factores técnico-tácticos, pues en esos momentos existe una gran tensión psíquica en los deportistas, los errores que se cometan en el contenido y el manejo de esta parte de la preparación, incidirán directa o indirectamente en la psiquis de los mismos y por ende en el resultado posterior.

El entrenador deberá tener presente el estado de predisposición psicológica (pre-arranque) que predomina en el atleta en ese momento, ya que todos los combates no producen la misma tensión debido a las características de los oponentes a los cuales se enfrenta. La experiencia acumulada tanto empírica como teórica nos ha demostrado que en el calentamiento previo a los combates debemos tener presentes los siguientes aspectos:

- El atleta deberá calentar con las mascotas con su entrenador habitual o en ausencia de este, bajo las orientaciones del mismo.

- La ejecución de los golpes y combinaciones en este momento, deberá responder a los conocimientos y habilidades perfeccionadas del atleta, evitando por todos los medios la improvisación.

- El volumen y la intensidad de la utilización de las mascotas en el calentamiento con el atleta deberá estar acorde con las características de su sistema nervioso y su estilo de combate.

- El momento indicado para la utilización de las mascotas debe estar concebido con exactitud dentro del programa de calentamiento.

- Se deberá respetar la voluntad del atleta de calentar en mayor o menor tiempo con las mismas. **Debemos tener presente que este momento cumbre representa la interrelación entre el entrenador y el atleta, por lo que no deberá existir imposición por parte del primero.**

Por último, solo agregar en este sentido que no solo en el proceso de enseñanza-aprendizaje de los diferentes elementos técnicos del boxeo, el trabajo individual con las manoplas es un importante recurso pedagógico de incalculable valor, ya que el mismo se extrapola a la preparación táctica, influye en el trabajo de la preparación física especial del practicante, de igual forma constituye un inviolable paso dentro de la preparación para afrontar un combate como parte del acondicionamiento psico-físico en los momentos antes de asumir este, etc.

Todo lo expuesto ratifica la especial atención que se debe brindar por parte del entrenador, el conjunto de orientaciones metodológicas a la hora de asumir con cierto rigor y excelencia este particular medio auxiliar en la preparación técnico-táctica del boxeo: "Las Manoplas". Se sugiere para profundizar en este trascendental medio de la preparación consultar la obra: **ESCUELA CUBANA DE BOXEO / Las mascotas del entrenador de boxeo.**

EL CONTROL DEL PROCESO DE PREPARACIÓN TÉCNICO-TÁCTICO.

Es obligatorio antes de abordar el contenido de este apartado hacer un posicionamiento conceptual en torno al control del entrenamiento deportivo, dentro del cual se sobreentiende está adscrita la preparación técnico-táctica. Por tanto hablamos del control y no estrictamente de la evaluación, puesto que entendemos el control como la categoría más abarcadora pedagógicamente hablando, ya que ella constituye un elemento mediador, integrado por las siguientes fases-componentes: 1) La planificación; 2) La medición y 3) La evaluación de los diferentes aspectos de la preparación que se integra al concepto de "preparación del deportista" enunciado por Matveev (1966). Lo que queda, esquemáticamente resumido, en el siguiente esquema:

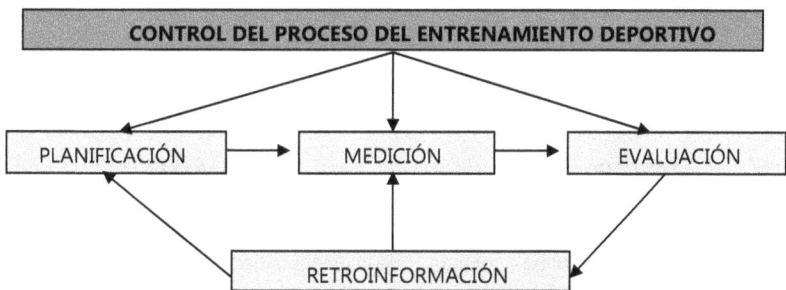

Esquema 6. Fases-componentes del control del proceso del entrenamiento deportivo.

Procedamos entonces a la definición de los términos y fases-componentes representadas anteriormente, visto en el contexto del entrenamiento deportivo.

Control del entrenamiento deportivo: proceso orientador, mediante el cual se contrastan de manera objetiva la situación real del deportista y el plan de entrenamiento, a partir de la evaluación de los diferentes aspectos de la preparación del deportista desde los ámbitos del entrenamiento y la competencia.

Planificación: fase-componente del control del proceso del entrenamiento deportivo, en el que se precisan los criterios que determinarán la medición y la evaluación de los aspectos de la preparación del deportista.

Medición: fase-componente del proceso del control del entrenamiento deportivo, en el que se aplican los tests pedagógicos para obtener los datos objetivos de determinado aspecto de la preparación del deportista.

Evaluación: fase-componente del proceso del control del entrenamiento deportivo, que se centra en la interpretación de determinada medición que nos lleva a expresar un juicio de valor asociado al proceso (en relación al entrenamiento) y al resultado (en relación con la competencia).

Dentro de las finalidades del control del proceso del entrenamiento deportivo, se destacan: 1) Diagnosticar el nivel de rendimiento deportivo; 2) Agrupar y clasificar; 3) Pronosticar resultados; 4) Personalizar el entrenamiento deportivo; 5) Valorar la eficacia del plan de entrenamiento concebido; 6) Investigación científica.

Consideramos oportuno, para una mejor comprensión, ver algunas diferencias entre medición y evaluación desde la perspectiva educativa, extrapolables al terreno del entrenamiento deportivo según Calero (1996):

Tabla 5. Diferencias entre medición y evaluación, según Calero Pérez, N. (1996).

MEDIR	EVALUAR
Determina con cierta precisión el éxito o fracaso del aprendizaje de un tema o asignatura, expresando con criterio cuantitativo y sujeto a una escala de calificación.	Representa una valoración del desarrollo integral de la personalidad del educando, en función de los cambios propiciados por la educación. Tiene connotación cualitativa.
Se queda en la simple asignación de la nota resultante.	No se detiene en la simple interpretación cualitativa del rendimiento. Busca causas que dieron origen a ese resultado y determina las acciones que deben adoptarse para estimularlo.
La medición en su afán de cuantificar, impulsa el desarrollo de pruebas de conocimientos orales y escritas básicamente (tradicionales y objetivas).	La evaluación en su afán de integralidad impulsa el uso de variedad de pruebas, psicotécnicas, sociométricas, antropométricas, socioeconómicas, etc.
Es propia de la escuela tradicional.	Caracteriza la escuela renovada.
Tiene incidencia intelectualista.	Trata de encauzar hacia una educación integral.

Como se puede apreciar en la tabla 5, la medición se basa y expresa, en última instancia, en términos cuantitativos que tienen sus propias peculiaridades, en cambio la evaluación lo hace en términos cualitativos.

En relación con el control del entrenamiento deportivo, se impone precisar que el mismo debe entenderse como un proceso orientador paralelo al de preparación del deportista y no como un mero registro de datos relacionados con los aspectos de la preparación del deportista, pues ello sería simplificar en menosprecio de uno de los dos contextos en los que reposa la planificación deportiva: 1) DOSIFICACIÓN-APLICACIÓN; 2) CONTROL.

Dentro de las finalidades del control del proceso del entrenamiento deportivo, se destacan:

1. Diagnosticar el nivel de rendimiento deportivo.
2. Agrupar y clasificar.
3. Pronosticar resultados.
4. Personalizar el entrenamiento deportivo.
5. Valorar la eficacia del plan de entrenamiento concebido.
6. Investigación científica.

Es importante reconocer el papel del registro del rendimiento, dentro del control del proceso del entrenamiento deportivo, que a pesar de, como anteriormente hemos expresado, no debe ser de esta forma generalizado, es decir, identificar un proceso orientador como lo es el control, con el registro (que es una acción dentro del proceso del control), simplificaría, desde nuestra comprensión, a uno de los dos contextos, en los que se materializa la planificación deportiva (el CONTROL). No obstante, esté (el registro) dentro del control, si ocupa un papel de relevancia en lo referente a la documentación y argumentación de los elementos, a la hora de emitir un juicio de valor en la fase-componente evaluativa.

Dicho papel del registro del rendimiento deportivo se identifica con:

- Posibilidad de determinar el estado de preparación individual dentro del colectivo.
- Proporcionar información acerca de la efectividad del entrenamiento en el tiempo y, con ello, hacer valoraciones del desarrollo y la estabilidad del rendimiento de los deportistas.
- Permitir el estudio comparativo con otros deportistas o equipos.

- Posibilitar la comparación del rendimiento en el entrenamiento y en la competición.

Seguidamente, abordaremos de manera pormenorizada, cada una de las fases-componentes del control del proceso del entrenamiento deportivo:

I. **Planificación:** sin duda este momento es sumamente medular y determinará en gran medida el éxito y la eficacia de dicho proceso orientador. Por ello, consideramos oportuno precisar los aspectos que en este momento deben ser tenidos en cuenta:

a) La selección de las características de cada aspecto de la preparación del deportista que será medido.
b) Determinación del objetivo específico que se pretende con la medición de la característica seleccionada.
c) Selección de los tests pedagógicos con lo que se efectuará la medición.
d) Medios necesarios.
e) Procedimiento organizativo que se empleará.
f) Momento en que se ejecutará la medición (etapa, tipo de mesociclo, etc.).
g) Condiciones climatológicas en las que no se debe realizar la medición.

A través de estos elementos, se puede concebir una proyección planificada a lo largo de todo el macrociclo de entrenamiento, asegurando el éxito del proceso que analizamos y de la planificación de este. A continuación retomaremos cada uno de los criterios anteriormente emitidos:

- Los criterios a valorar, dentro de los diferentes aspectos de la preparación del deportista y de los que depende el cumplimiento de la exigencia de la actividad competitiva, parten de la caracterización física, técnico-táctica y psicológica, fundamentalmente, de la actividad competitiva. De dicha caracterización, se derivarán en primer término, el contenido del entrenamiento y en segundo término, el control propiamente dicho, de ahí su importancia.

- En relación con la necesidad de concretar el propósito o la finalidad que se persigue con la medición de la característica seleccionada. Se recomienda la determinación de objetivos específicos, en los que se valorará la etapa de la preparación, el nivel de desarrollo deportivo, la edad, el sexo, etc., de los practicantes. Es importante, en este sentido, que se valoren los niveles de aspiración que presuponen los objetivos y el de realización del sujeto, para evitar la desmotivación o la frustración que puede acarrear en el caso de una determinación incorrecta de los objetivos específicos referidos.

• Determinar los tests pedagógicos que medirán, dados los objetivos y lógica propia de cada etapa del proceso del entrenamiento deportivo, siempre en función de cada uno de los criterios a valorar, dentro de los aspectos de la preparación del deportista, de los que dependerán el cumplimiento de la exigencia de la actividad competitiva.

• Es importante, para llegar a estandarizar, en general, las condiciones en que se aplican los tests pedagógicos en esa fase-componente que constituye la medición, dejar plasmado, desde este momento, los medios y los procedimientos organizativos con que se ejecutarán estos.

• Tomando como referencia el momento en que se ejecute la medición a través de los tests pedagógicos seleccionados, se pueden precisar tipos concretos de controles: 1) Control por mesociclos; 2) Control por etapas; 3) Control continuo; 4) Control de la actuación competitiva.

• Un criterio poco tratado dentro del control del proceso del entrenamiento deportivo, es el de las condiciones climatológicas, en las que *NO* es adecuado o propicio, dados los medios y los procedimientos organizativos, la ejecución de los tests pedagógicos seleccionados, para medir las características de cada aspecto de la preparación del deportista.

II. **Medición:** el entrenador necesita continuamente usar medidas de valoración de sus deportistas. Los motivos son múltiples: selección de futuros atletas, información práctica sobre la orientación de sus entrenamientos y sus efectos en los atletas que entrena, etc. El sistema para conocer este tipo de información son los instrumentos o test de valoración deportiva. Por ello, centraremos el análisis de esta fase-componente, en el soporte material de la medición, los *tests pedagógicos*.

Los tests pedagógicos, en el contexto del entrenamiento deportivo, pueden entenderse como un instrumento de medición a través del cual se expresan en términos matemáticos y estadísticos los criterios a valorar dentro de los diferentes aspectos de la preparación del deportista, permitiendo registrar su comportamiento en el tiempo. Con arreglo justamente al tiempo, los tests pedagógicos se pueden clasificar, en relación con la función que ejercen, en:

- ✓ Test de diagnóstico.
- ✓ Test de comprobación del desarrollo parcial.
- ✓ Test de comprobación del desarrollo final.

El Test de diagnóstico: su objetivo es el de conocer y caracterizar el nivel de desarrollo que posee cada uno de los practicantes, lo cual le brinda la posibilidad al entrenador de dirigir la planificación de las cargas, tanto colectivas como individuales, dirigiendo el trabajo hacia la solución de la situación real detectada en el tests. Esto hace que la dirección del proceso sea más eficiente. Este tipo de tests debe realizarse al terminar la 2da o 3ra semana del comienzo del nuevo ciclo de entrenamiento, con el fin de que en los practicantes ya se hayan evidenciado los efectos iniciales de la adaptación a los diferentes tipos de cargas sistemáticas.

El Test de comprobación de desarrollo parcial: su objetivo central es el de ir comprobando periódicamente la evolución en el desarrollo que va experimentando el practicante, con la asimilación y adaptación de las cargas recibidas. Estos tests deben realizarse cada 4 a 8 semanas, en dependencia de la extensión del período de trabajo en que el practicante se encuentre, lo cual permitirá comprobar la efectividad de la dirección del entrenamiento, y valorar posibles reestructuraciones, asociadas a la planificación deportiva inicialmente concebida.

El Test de comprobación del desarrollo final: su objetivo esencial es conocer el desarrollo que han experimentado las cargas en cada uno de los participantes, lo cual permitirá valorar la secuencia en el incremento de los resultados en el curso del macrociclo del entrenamiento; así como también, las dificultades y debilidades que siguen manteniéndose.

A continuación, proponemos una selección de tests para medir diferentes criterios a valorar dentro de los aspectos de la preparación del deportista:

Aspecto técnico de la preparación del deportista

Como se puede apreciar en la tabla, la medición se basa y expresa, en última instancia, en términos cuantitativos los que tienen sus propias peculiaridades, en cambio la evaluación lo hace en términos cualitativos. Por lo cual en dependencia del tipo de herramienta que se empleé para emitir un diagnóstico del practicante, la evaluación de determinado aspecto del contenido de la preparación técnica será objetiva o subjetiva.

La evaluación subjetiva, se basa en una valoración personal carente de parámetros objetivos, es decir medibles. En este tipo de evaluación se contrasta mentalmente el gesto técnico realizado por el practicante con el modelo preconcebido que posee el entrenador, en conjunto con el cumplimiento o no de los criterios técnicos rectores del gesto técnico que fuere y del que se pretende emitir un diagnóstico determinado. La evaluación subjetiva del aspecto del contenido que fuere se realiza inmediatamente después de que el practicante ejecuta el gesto técnico y su evaluación se concibe generalmente a través del establecimiento de escalas por puntos, según el menor número de errores cometidos.

La evaluación objetiva y precisa del aspecto de la preparación que se examina, conlleva a la intervención de medios especializados, a la hora de capturar la ejecución del movimiento o secuencia de movimientos del examinado, por medio de videos, etc., para ulteriormente ser analizado con el empleo de Software de Análisis de Movimiento, con el objetivo de tener la idea exacta del estado-evolución de la técnica. Entre los softwares más utilizados tanto en la captura de las imágenes del gesto técnico como en el procesamiento de los datos en su posterior análisis de la diferentes variables biomecánicas están: Kinescan / IBV; SIMI your movolution; NICON; C-Motion, Inc; Motion Analysis; HUMAN /Human Movement Analysis; entre otros.

El empleo de este tipo de soporte tecnológico está determinado, por una parte, dada la limitación del sentido visual del hombre que no es capaz de desglosar más de 16 cuadros de imágenes por segundo (a diferencia de estos soportes que llegan hasta una subdivisión de 24 cuadros de imágenes por segundo) y, ello condiciona que ni siquiera entrenadores expertos, de reconocidos resultados y experiencia puedan identificar con suficiente precisión ciertos parámetros gestuales y, por otro lado, la necesidad de obtener de un modo objetivo, dígase en términos medibles, valores y vectores de velocidad, aceleración, ángulos, etc.

En resumen, el empleo de dichas herramientas, es en última instancia, el modo de determinar objetivamente en términos medibles, valores de aceleración, ángulos, etc., ese desarrollo técnico del examinado y de poder tener, detalladamente, predeterminado cuantitativamente ese ideal motor de referencia o patrón técnico.

Aspecto táctico de la preparación del deportista

Los procedimientos para la medición de este aspecto de la preparación, se dividen en dos tipos de orden: 1) Teórico (asociado al conjunto de posibles soluciones que posee el examinado ante determinada situación táctica); y 2) Práctico (asociado con la efectividad de la acción, es decir al propio rendimiento táctico). A continuación serán detallados:

✓ Procedimiento de medición de la táctica, desde el orden teórico: desde el punto de vista teórico se utilizará la variable pensamiento táctico (esta variable quedó separada de la dimensión psicológica, por entender que es justamente la táctica el contexto en el que se expresa el pensamiento, sin importar el tipo de actividad que se analice), asociado al número de soluciones mentales posibles de una situación táctica hipotética, teniendo siempre para emitir una determinada evaluación un grupo de posibles soluciones, preestablecidas por el entrenador, cualitativamente diferentes.

✓ Procedimiento de medición de la táctica, desde el orden práctico: este tipo de medición se relaciona directamente con la efectividad de la acción, es decir, el propio rendimiento táctico, en condiciones preestablecidas dirigidas o no. Estas condiciones siempre se preconciben en base al contexto o a la situación competitiva que fuere según el tipo de deporte. Dichas condiciones preestablecidas dirigidas o no, son:

- o Condiciones preestablecidas dirigidas: son en las que el evaluado debe solucionar la situación táctica y alcanzar el objetivo planteado, por medio de acciones concretas y limitadas, orientadas por el entrenador previamente.
- o Condiciones preestablecidas no dirigidas: es en la que el evaluado, debe solucionar la situación táctica y alcanzar el objetivo plantea-

do, por medio de acciones seleccionadas para dicho fin por el examinado.

Dentro de este último particular, concretamente, en lo relativo al análisis y descripción del conjunto de acciones técnico-tácticas del boxeo de rendimiento, se sugiere la herramienta observacional SOBOX que se detallará en el próximo capítulo.

III. **_Evaluación:_** como fue definida al inicio del presente capítulo, la evaluación la asumimos como una fase-componente del proceso del control del entrenamiento deportivo, que se centra en la interpretación de determinada medición que nos lleva a expresar un juicio de valor asociado al proceso (en relación con el entrenamiento) y al resultado (en relación con la competencia).

Dicha fase-componente, consta de dos momentos necesarios dentro de su desarrollo, los que se relacionan directamente con: a) La evaluación del test aplicado; y b) La evaluación de la información aportada por el test aplicado.

a) La evaluación que se hace del test aplicado, está relacionada con los siguientes criterios: Validez, Fiabilidad y Objetividad.

• Validez: la validez de una prueba se mide por el grado de precisión con el que se explora la característica seleccionada de los aspectos de la preparación del deportista que se pretende medir. Un criterio científico, para establecer dicha validez, es poner en evidencia la relación que existe entre la característica seleccionada del aspecto de la preparación del deportista que se mide y el test. Al decir de Vsevolodov (1969), "si la relación entre una cualidad y una prueba cualquiera es constante y suficientemente estrecha, esta prueba, puede ser considerada como válida". En el cálculo de la correlación, los valores de (r) superiores a 0.80 son considerados como excelentes; de 0,70 a 0,79 son satisfactorios; de 0,60 a 0,69 son todavía suficientes para satisfacer la validez de un test.

• Fiabilidad: la fiabilidad de un test expresa la estabilidad de sus resultados en el momento de su utilización reiterada. Ciertas variaciones, en los resultados de las mediciones que se realicen, se justifican por el estado de las modificaciones funcionales y técnicas del examinado; pero también por la irregularidad de funcionamiento de los instrumentos de medición que determinan una ligera imprecisión. Por ello, la aplicación de un test siempre lleva implícito cierta variabilidad pero ésta no puede, sin embargo, sobrepasar determinados límites. Según Zarsiorski (1989), la fiabilidad estadística de un test, está determinada, por la proporción entre las variaciones intra-individual e ínter-individual. Esta fiabilidad, es tanto mayor, cuando la variabilidad intra-individual es débil y la variabilidad inter-individual es más grande, es decir, que un test fiable da resultados extremadamente próximos cuando se repite en el mismo atleta en las mismas condiciones y da valores diferentes en atletas cuyas cualidades son diferentes.

• Objetividad: se mide esta objetividad calculando la correlación entre los valores obtenidos en sujetos diferentes, por individuos diferentes, es decir, cuando sus resultados son independientes de la actitud o apreciación personal del observador. Es el grado de uniformidad con que varios individuos pueden aplicar un mismo test. Para ello se buscan instrumentos precisos: tiempo, cronómetro, distancia, cinta métrica, etc.; los criterios de apreciación de esta correlación, son los mismos que se expusieron a propósito de la validez. Es interesante manejar la medida en que los tests se insertan en el proceso de entrenamiento deportivo, puesto que dichos tests realizados; no sólo aportarán la información esperada; sino que participarán en la estimulación de las características seleccionadas, dentro de los diferentes aspectos de la preparación del deportista, y serán un factor real de preparación mental para los atletas, darán una nueva significación a la sesión de entrenamiento y enriquecerán sus medios de auto-control.

Estos criterios de calidad principales para la aplicación de un test (validez, confiabilidad y objetividad), se acompañan según Grosser (1988) de una serie de criterios secundarios, pero de gran importancia para su aplicación práctica, como los precisados a continuación:

• Normalización: consiste en la transformación del valor del test (intangible) en una ubicación con relación a una norma. Esto lleva a la realización de escalas de medida, que se elaboran a través de estudios estadísticos poblacionales, con el objetivo de la confección de las normas.

• Estandarización: para que sea válida la comparación de resultados recogidos sobre diferentes grupos, o sobre el mismo grupo en períodos diferentes, es necesario uniformizar (estandarizar) las técnicas de administración de los test. Una pequeña variación en las normas de realización de una prueba puede alterar el resultado y su valoración posterior.

• <u>Economización:</u> se considerará una prueba económica a aquella que sea realizable en poco tiempo, que precise poco material y aparatos, que es fácil de manejar y que pueda ser interpretada fácilmente sin muchos cálculos.

• <u>Utilidad:</u> se considera útil un test que analiza una conducta o capacidad para cuyo conocimiento hay una necesidad práctica y un auténtico interés de conocimiento.

• <u>Probabilidad:</u> el test debe poder ser realizado con éxito por el 90% de los alumnos que hayan seguido regularmente el proceso de aprendizaje. (Teleña, 1986).

b) La evaluación de la información aportada por el test aplicado, es el segundo momento a considerar. Dentro de esta fase-componente debemos centrarnos en la interpretación de las mediciones, de los aspectos, de la preparación que se quiera controlar. Dicha interpretación estará determinada por la experiencia, nivel académico y científico de quien tenga la responsabilidad de emitir un determinado juicio de valor del examinado. No obstante, a lo anteriormente planteado, hay que añadir elementos que determinan el éxito en este propósito como: 1) El rigor con que se conciba el registro de los test pedagógicos; 2) La repercusión de dichos resultados en el contexto DOSIFICACIÓN-APLICACIÓN del proceso del entrenamiento deportivo.

Seguidamente, serán tratados los elementos que determinan el éxito en la fase-componente abordada:

1) El rigor con el que se conciba el registro de los test pedagógicos. En este sentido, mucho tendrá que ver el protocolo que para este fin se emplee. A continuación, se propone un protocolo tipo para el registro de los tests pedagógicos, aplicables a cualquier modalidad deportiva.

<u>Protocolo tipo para el registro de los tests pedagógicos</u>

- Nombre y apellido del examinado.
- Deporte.
- Función del test.
- Aspecto de la preparación en que se enmarca el test.
- Característica del aspecto de la preparación que se mide.

- Objetivo que se propone con el test.
- Nombre del test.
- Fecha de la realización de la medición.
- Hora de la realización de la medición.
- Resultado de la medición:
- Incidencias eventuales o accidentes en la realización del test.
- Juicio de valor del resultado de la medición realizada.

A partir de este registro tipo, se puede llevar un control longitudinal en el tiempo del comportamiento y la evolución del evaluado de las características seleccionadas, de cada aspecto de la preparación del deportista, dentro del proceso del entrenamiento deportivo.

2) La repercusión de dichos resultados, en el contexto DOSIFICACIÓN-APLICACIÓN del proceso del entrenamiento deportivo. Esta repercusión se evidencia en la práctica, a través de tres posibles variantes:

a) Disminución de las cargas planificadas de la característica del aspecto, de la preparación que se ha medido.
b) Mantenimiento de las cargas planificadas de la característica del aspecto de la preparación que se ha medido.
c) Aumento de las cargas planificadas de la característica del aspecto de la preparación que se ha medido.

Las variantes, anteriormente referidas, se manifestarán operativamente según sean los resultados obtenidos de los tests pedagógicos, en los componentes de la carga (Volumen, Intensidad, Densidad), lo que tendrá, sin duda alguna, una repercusión directa en la panificación concebida del proceso del entrenamiento deportivo.

SISTEMA OBSERVACIONAL PARA EL BOXEO (SOBOX).

El diagnóstico preciso del espectro de conductas estratégicas, los estilos preferenciales de combate de los competidores, los tipos y modos de ejecución ofensiva-defensiva, constituyen un papel imprescindible de cara a la organización del contenido de la preparación de los boxeadores de rendimiento, así como del plan estratégico y técnico-táctico a seguir por estos durante la realización del ejercicio competitivo.

Dada la importante variedad de posibilidades y combinaciones de acción en el boxeo, son muchas y muy variadas las conductas estratégicas que a priori puede presentar un competidor en este deporte y, por tanto, los diagnósticos emitidos por los técnicos (desde su percepción) tienden a ser muy subjetivos, irregulares y, por consiguiente, relativamente imprecisos. Por ello y, apoyados en la Metodología Observacional (MO), le exponemos el Sistema Observacional para el Boxeo (SOBOX) el cual ha sido creado con la intención de cambiar esta realidad y establecer una herramienta observacional que permita analizar y describir las acciones técnico-tácticas del boxeo de rendimiento por medio de la utilización de parámetros científicos marcados por la MO.

Sistema taxonómico para la observación del boxeo (SOBOX)

Respecto al andamiaje de las acciones técnico-tácticas en el boxeo de rendimiento SOBOX, es una herramienta de observación creada dentro del marco de la metodología observacional, en el cual, las categorías de cada uno de los criterios configurados son exhaustivas y mútuamente excluyentes (EME). Para cada categoría del sistema se ha definido el núcleo categorial y grado de apertura, lo que permitirá conocer con detalle a qué acciones técnico-tácticas o posicionamientos del boxeo corresponden.

La estructura de la herramienta taxonómica mantiene la combinación de los formatos de campo (constituida por cuatro criterios) y sistemas de categorías. Para cada uno de estos criterios se conforma un sistema de categorías. Dado que una de las condiciones del sistema de categorías es la mutua exclusividad, se deriva la necesidad de que sea unidimensional, evitando que pueda producirse un solapamiento entre diversas categorías, siendo este un sistema de categorías donde cada uno de los criterios respetará para los códigos que la componen el axioma EME.

Los aspectos que a continuación se desarrollarán constituyen los criterios con los cuales pretendemos delimitar la observación de la acción o acciones que pretendemos evaluar dentro de la dimensión técnico-táctica; para materializar esta evaluación corresponde determinar el sistema de categorías de cada criterio referido.

- **Criterio 1:** Posicionamiento en el ring
- **Criterio 2:** Ofensivo
- **Criterio 3:** Defensivo
- **Criterio 4:** Resultado

Sistema de categorías del criterio Posicionamiento en el ring

El criterio Posicionamiento en el ring divide el espacio físico de competición boxística y hace referencia a la ubicación en la que permanece el sujeto desplazándose en los tres espacios fundamentales del ring durante la realización de cualquier acción técnico-táctica del boxeo. El criterio Posicionamiento en el ring, está constituido por tres categorías (ver Tabla 6).

Tabla 6. Descripción del sistema de categorías para el Criterio *Posicionamiento en el ring*.

Posicionamiento en el ring	
Categoría	**Descripción**
Z1	Zona del entorno del centro del ring
Z2	Zona del entorno de las cuerdas o esquinas del ring
Z3	Zona contra las cuerdas o esquinas del ring

En el esquema que a continuación ofrecemos quedan identificadas las respectivas zonas anteriormente descritas (ver Figura 4).

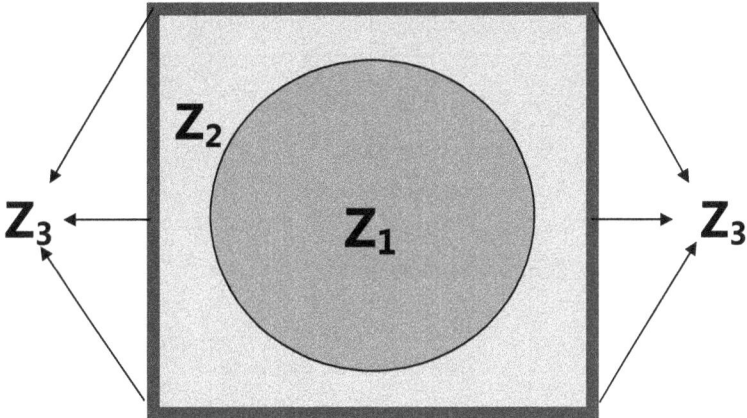

Fig. 4. Subdivisión de las zonas del criterio *Posicionamiento en el ring*.

Sistema de categorías del criterio Ofensivo

El criterio Ofensivo es el conjunto de movimientos sincronizados de brazos y piernas en la realización de las acciones aisladas o combinadas de golpes rectos, ganchos y cruzados dirigidos tanto a la cabeza como a la región del abdomen con el objetivo de golpear al contrario. Dicho criterio está compuesto por 20 categorías las cuales se pueden apreciar a continuación (ver Tabla 7).

Tabla 7. Descripción del sistema de categorías para el criterio *Ofensivo*.

Categorías	Descripción
Criterio Ofensivo	
Tipo de ataque	
ADS	Ataque directo simple
ADC	Ataque directo compuesto
AC	Ataque combinado
CAR	Contra-ataque de riposta
CAE	Contra-ataque al encuentro
Distancias de combate	
X	Distancia extra-larga de combate
L	Distancia larga de combate
M	Distancia media de combate
C	Distancia corta de combate
K	Distancia cuerpo a cuerpo de combate
Modos de ejecución de los ataques	
R	Golpe recto
G	Golpe gancho
Cr	Golpe cruzado
pR	Combinación de golpes con predominio de golpes rectos
pG	Combinación de golpes con predominio de golpes ganchos
pCr	Combinación de golpes con predominio de golpes cruzados
RG	Combinación de golpes con rectos y ganchos
RCr	Combinación de golpes con rectos y cruzados
GCr	Combinación de golpes con ganchos y cruzados
RCG	Combinación de golpes con rectos, cruzados y ganchos

En cualquiera de los deportes en los que el cumplimiento de la exigencia de la actividad competitiva está determinada por el desempeño táctico, entre los que se encuentra el boxeo, se distinguen dos grupos fundamentales de categorías situacionales: las ofensivas, que contemplan los ataques directos, los contra-ataques y ataques combinados, y las defensivas, que se comportan como las acciones anuladoras de todos los tipos y modos de acción ofensiva (las que se han abordado en el criterio *Defensivo*).

Sistema de categorías del criterio Defensivo

El criterio *Defensivo* es asumido como el conjunto de movimientos con las manos, brazos, tronco y piernas, que se ejecutan con el objetivo de anular las acciones ofensivas (ataques) del oponente. Este criterio *defensivo* está desglosado en 18 categorías, que se describen seguidamente (ver Tabla 8).

Tabla 8. Descripción del sistema de categorías para el criterio *Defensivo*.

Categoría	Descripción
Criterio Defensivo	
Tipo de defensa	
DA	Defensa de afrontamiento
DE	Defensa de esquiva
Modo de ejecución de las defensas	
xP	Defensa por parada
xD	Defensa por desvío
xTT	Defensa por torsión del tronco
xFT	Defensa por flexión del tronco
xCT	Defensa por circunducción del tronco
PxP	Defensa con las piernas por pasos
PxG	Defensa con las piernas por giros
PxPG	Defensa con las piernas por pasos y giros
pP	Defensa con predominio de paradas
pD	Defensa con predominio de desvíos
pTT	Defensa con predominio de torsión de tronco
pFT	Defensa con predominio de flexión de tronco
pCT	Defensa con predominio de circunducción de tronco
PpP	Defensas de piernas con predominio de pasos
PpG	Defensas de piernas con predominio de giros
PpPG	Defensa de piernas con predominio de pasos y giros

Dada la importante variedad de posibilidades de combinaciones de acción hemos generado una serie de categorías en la cuales se ha forzado la unidimensionalidad para que el criterio sea exhaustivo y mutuamente excluyente a partir de la clasificación de las combinaciones en función de las acciones ofensivas y defensa más frecuentemente empleada. En este caso se encuentran las categorías ofensivas: pR, pG, pCr, así como las defensivas: pP, pD, pTT, pFT, pCT, PpP, PpG, PpPG.

Sistema de categorías del criterio Resultado

El criterio Resultado es entendido como el conjunto de decisiones reglamentarias a través del cual un boxeador puede obtener la victoria en este deporte. Este criterio está desglosado en 9 categorías, las que se precisan en la tabla resumen que a continuación se ofrece (ver Tabla 9).

Tabla 9. Descripción del sistema de categorías para el criterio *Resultado*.

Criterio Resultado	
Categoría	**Descripción**
VpP	Victoria por puntos
VpA	Victoria por Abandono
VpD	Victoria por Descalificación
VpW-O	Victoria por "Walk-over"
RSC	Referee Suspende el Combate
RSC-H	Referee Suspende el Combate por golpe a la cabeza
RSC-I	Referee Suspende el Combate por herida
VpKO	Victoria por fuera de combate (Knock-out)
CsD	Combate sin decisión

Nota. Este conjunto de decisiones oficiales son las vigentes desde el 24 de Marzo de 2011 y han sido tomadas del Reglamento Técnico y de Competencia de la Asociación Internacional de Boxeo (AIBA).

Tipos de análisis a desarrollar a partir de la implementación del SOBOX

En relación a las técnicas de análisis que pueden desarrollarse a partir del SOBOX, podemos distinguir dos grandes grupos, por un lado, los estadísticos inferenciales que engloban el análisis de los componentes de varianza y estudios de generalizabilidad donde se infieren propiedades o características de una población partiendo de una muestra significativa y, por otro lado, los estadísticos exploratorios que agrupan los análisis descriptivos y secuenciales.

Para el análisis de los datos se ha empleado el paquete estadístico SPSS v.16.0 para Windows, el software para la observación y registro deportivo MOTS (Castellano, Perea, Alday, & Hernández-Mendo, 2008), el programa de análisis secuencial SDIS-GSEQ v.4.1.2 (Bakeman y Quera, 1996) en su versión para Windows, el programa estadístico SAS (Schlotzhauer and Littell, 1997; SAS Institute Inc, 1999) y el programa GT versión 2.0.E (Generalizability Study de Yeswijn, 1996) para el análisis de la generalizabilidad.

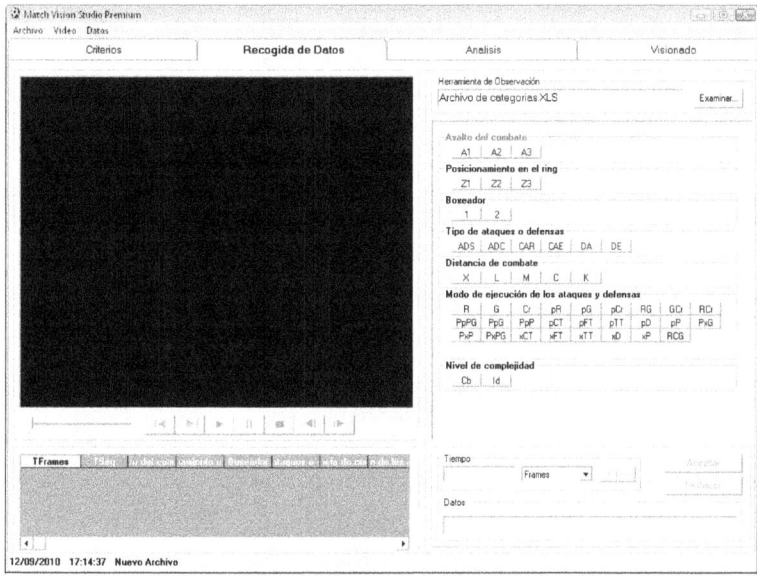

Imagen 36. *Software* para la observación y registro deportivo *MOTS* (Castellano, Perea, Alday, & Hernández, 2008), en su versión **MATCH VISION STUDIO PREMIUM**.

Seguidamente detallaremos algunos de los estadísticos a los que hemos hecho referencia, ejemplificando el tratamiento y análisis que se derivan de los mismos a partir de la aplicación del SOBOX.

Análisis de varianza

Los análisis de los componentes de varianza y estudios de generalizabilidad nos permiten obtener una adecuada información sobre las facetas (variables) que aportan mayor información respecto a la realidad que queremos estudiar. El objetivo será desglosar como en cualquier tipo de medición, descartar la variabilidad error, y conocer la precisión de generalización al boxeo de rendimiento.

Como puede verse en la Tabla 10 el valor del coeficiente de determinación (r2) es próximo a la unidad, lo que indica que la combinación de las facetas seleccionadas explica gran parte de la variabilidad del modelo. Destacamos además que el modelo resulta ser significativo (Pr>F es <.0031) en su conjunto y, además, todas las facetas como la interacción entre ellas también. Respecto a la variabilidad aportada por cada una de las facetas y sus interacciones, la estimación muestra que el 'peso' está bastante repartido entre ellas. A excepción de la faceta *combate*, que no aporta variabilidad. Tanto *nivel*, *zona*, *categoría* como *criterio* aportan de manera aislada un tercio de la variabilidad total, aunque gran parte de ella es asumida por las facetas criterio y categoría.

Tabla 10. Análisis de los componentes de varianza tipo III en el plan de medida de cinco facetas K*N*Z*C*(E:C) [Combate*Nivel*Zona*Criterio*(Categoría:Criterio)] para el conjunto de los 30 combates.

Facetas	Combate*Nivel*Zona*Criterio			
	g° de l	SC tipo III	Pr > F	% varianza explicada
Combate [K]	9	29053,50	0,0004	0
Nivel [N]	2	24321,39	<,0001	2
N*K	18	61808,73	0,0004	8
Zona [Z]	1	26543,95	<,0001	5
N*K*Z	18	21565,64	0,0010	9
Criterio [C]	4	96130,44	<,0001	13
Categoría:criterio [E:C]	37	141700,51	0,0003	14
Z*E:C	37	36337,88	0,0013	9
Otros	-	-	-	< 8
N*K*Z*E:C	310	21737,44	0,0177	13
r^2 = 0,99		Pr > F para el modelo <,0031		

Nota. En la tabla figuran el coeficiente de determinación (r^2), los grados de libertad (g° de l), la suma de cuadrados para los datos tipo III (SC tipo III), el grado de significación (Pr > F) y el % de variabilidad de cada una de las facetas y de sus interacciones.

Una vez que disponemos de las facetas que aportan mayor información al modelo, se puede realizar un análisis descriptivo de las variables que integran el sistema taxonómico donde se presentan los datos numéricos de las observaciones realizadas a partir de las frecuencias tanto absolutas como relativas, así como los estilos preferenciales de los boxeadores.

Análisis descriptivo general

En la tabla que a continuación le mostramos (ver Tabla 11) figuran las frecuencias absolutas de las diversas sesiones de observación realizadas, 30 combates en total, subdivididos en tres grupos de categorías de pesos, los cuales se observaron, codificaron y registraron para llevar a cabo el análisis de los datos. Diez fueron los combates codificados para cada una de las categorías de pesos. El grupo 1 se corresponde con los pesos: 49 kg, 52 kg, 56 kg; el grupo 2 incluye los pesos: 60 kg, 64 kg y 69 kg; y, por último, el grupo 3, reúne a los pesos más pesados: 75 kg, 81 kg, 91 kg y +91 kg.

Tabla 11. Frecuencias absolutas resultantes de la codificación realizada (30 combates) de las categorías observadas de los tres grupos de divisiones de pesos. En las Tablas 1; 2 y 3 se describen los conceptos de cada una de las distintas categorías.

Categorías	Grupo 1		Grupo 2		Grupo 3		Totales
	Frec.	%	Frec.	%	Frec.	%	
Z1	1171	50	755	32	420	18	2346
Z2	428	43	364	37	201	20	993
Z3	0	0	0	0	0	0	0
1	850	47	621	34	353	19	1824
2	749	49	498	33	268	18	1515
ADS	532	45	404	35	231	20	1167
ADC	391	47	260	31	184	22	835
CAR	130	47	105	38	40	15	275

CAE	44	37	42	35	34	28	120
DA	250	58	143	33	41	9	434
DE	252	50	165	32	90	18	507
X	59	47	25	20	42	33	126
L	1322	49	894	33	473	18	2689
M	176	40	174	40	88	20	438
C	39	55	21	30	11	15	71
K	3	21	4	29	7	50	14
R	626	43	499	35	313	22	1438
G	40	38	49	47	16	15	105
Cr	104	50	67	32	37	18	208
pR	131	64	49	24	26	12	206
pG	14	58	5	21	5	21	24
pCr	12	41	12	41	5	18	29
RG	24	48	17	34	9	18	50
GCr	30	38	35	45	13	17	78
RCr	73	44	41	25	52	31	166
PpPG	1	50	0	0	1	50	2
PpG	0	0	2	67	1	33	3
PpP	14	87.50	2	12.50	0	0	16
pCT	0	0	1	100	0	0	1

pFT	1	100	0	0	0	0	1
pTT	0	0	0	0	0	0	0
pD	2	100	0	0	0	0	2
pP	39	54	17	24	16	22	72
PxG	0	0	1	100	0	0	1
PxP	71	51	46	33	23	16	140
xCT	17	71	7	29	0	0	24
xFT	129	47	91	33	55	20	275
xTT	21	42	18	36	11	22	50
xD	64	57	39	34	10	9	113
xP	143	58	88	36	15	6	246
RCG	43	48	33	37	13	15	89
Cb	368	43	341	40	147	17	856
Id	1231	50	778	31	471	19	2480
Totales	**9594**	**48**	**6713**	**33**	**3722**	**19**	**20029**

Análisis descriptivo de los estilos

A partir de los datos descriptivos obtenidos de los combates analizados, hemos determinado los estilos preferenciales de combate de los diferentes competidores en el ejercicio competitivo del boxeo de rendimiento, pudiendo hacerse extensivo esta caracterización a los grupos de divisiones de pesos, equipos, etc. Dicho análisis se centra en las frecuencias obtenidas de las conductas del criterio *distancia de combate, tipos de ataques-defensas*, y el *posicionamiento en el ring* del sujeto observado. Estas conductas señaladas ofrecen la información referente a los contextos de interacción en los cuales se desarrollarán con mayor predominio los patrones de conducta derivados de otros análisis posteriores.

Determinar los estilos preferenciales en los que se desarrollan los contextos de interacción en el boxeo, constituye una necesidad, en tanto, permite una caracterización global de los combates y una información complementaria que justifica el cómo, es decir, la manera en que el(los) observado(s) gestiona(n) de forma general las acciones técnico-tácticos.

Los estilos preferenciales de combate a los que hacemos alusión son los siguientes:

1. Primer estilo de combate con un predominio de acciones técnico-tácticas desde la distancia larga, con un posicionamiento del ring en la Z1 con transiciones a la Z2, apoyándose ofensivamente en ataques directos simples y compuestos (de dos golpes) fundamentalmente, así como el empleo de defensas de esquivas (por piernas) y afrontamiento (por parada).
2. Segundo estilo de combate con un predominio de acciones técnico-tácticas desde la distancia media por excelencia, con un posicionamiento del ring en la Z2 con transiciones a la Z1, con ataques directos simples y contra-ataques de riposta, así como con defensas de esquivas (por movimientos del tronco).
3. Tercer estilo de combate con un predominio de acciones técnico-tácticas desde la distancia corta y con un posicionamiento del ring en la Z2 predominantemente, con ataques directos compuestos y contra-ataques de encuentro, con el empleo de defensas de afrontamiento (por parada).

A continuación se recogerán, a modo de ejemplo, los resultados de las conductas de los criterios referidos de los competidores del primer grupo de categorías de pesos (ver Tabla 12).

Tabla 12. Estilos preferenciales de combates resultantes de la codificación realizada del primer grupo de categorías de peso observada.

Estilos preferenciales de combate del grupo 1				
Combates por grupos	Posicionamiento en el ring	Distancia de combate	Tipo de ataque	Tipos de defensa
1-G1	Z1-Z2	L	ADS	DE-DA
2-G1	Z1	L	ADS-ADC	DA
3-G1	Z1	L	ADC	DA
4-G1	Z1	L	ADC	DE-DA
5-G1	Z1	L	ADC	DE
6-G1	Z1	L	ADS	DA
7-G1	Z1	L	ADC	DE
8-G1	Z1	L	ADC	DA
9-G1	Z1	L	ADS	DA
10-G1	Z1	L	ADS	DE

Como podemos comprobar en la Tabla 12 la totalidad de los combates pertenecientes al primer grupo de categorías de pesos desarrollan una gestión técnico-táctica desde un estilo preferencial de combate con un predominio de acciones técnico-tácticas desde la *distancia* larga, con un *posicionamiento del ring* en la Z1 con transiciones a la Z2, apoyándose ofensivamente en *ataques directos simples* fundamentalmente y con el empleo de defensas de esquivas y afrontamiento. Hecho que coincide exactamente con el primer estilo preferencial de combate definido con anterioridad. Los datos de frecuencia que justifican estas determinaciones quedan representados en las figuras que a continuación se ofrecen y que se identifican con cada combate observado (Figura 5).

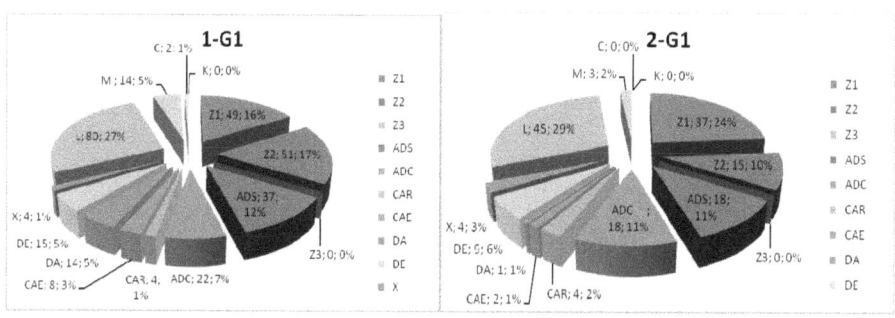

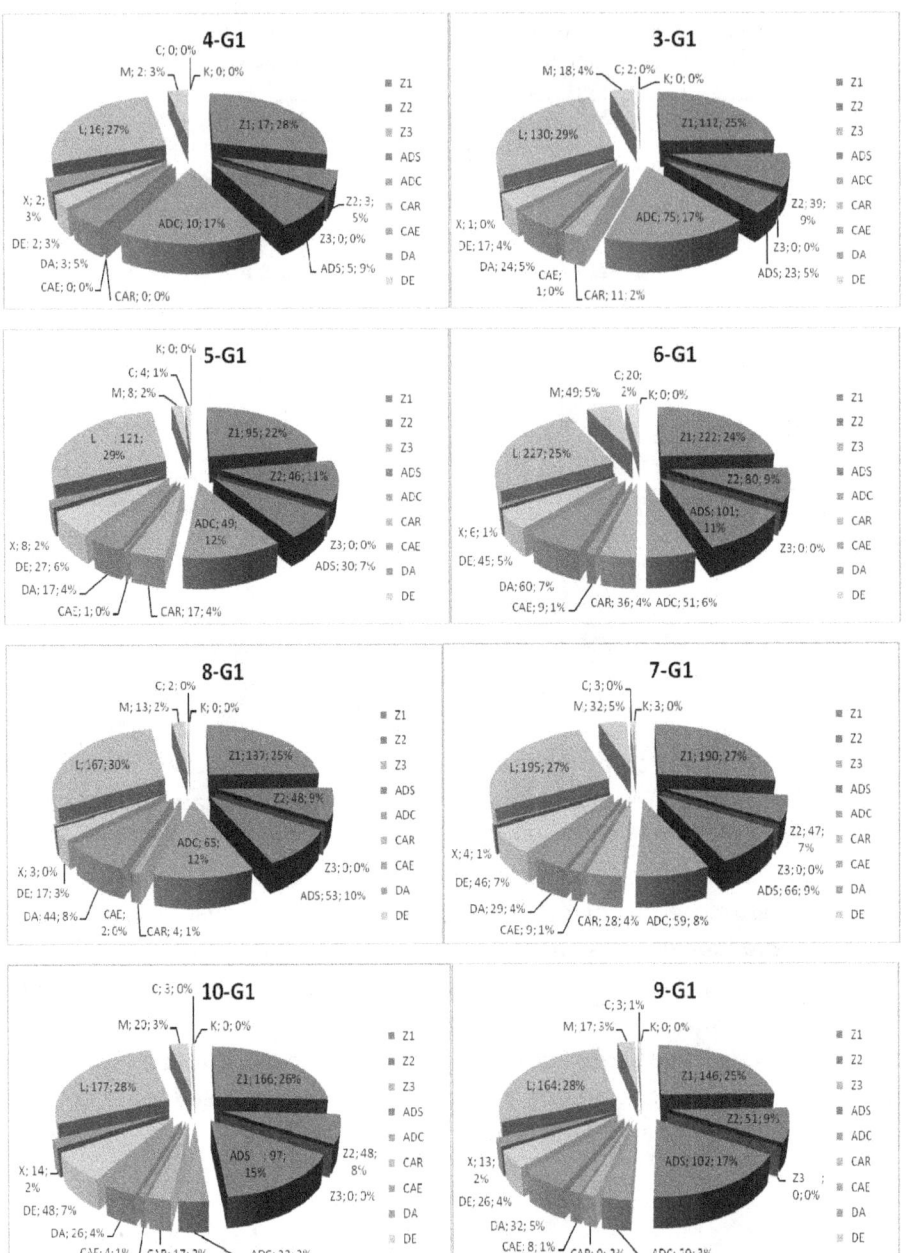

Fig. 5. Representaciones gráficas de los estilos preferenciales de los 10 combates del grupo 1.

Análisis descriptivo de concurrencias

Centraremos el análisis descriptivo relacionando facetas a través del retardo 0, configurando de esta manera tablas de contingencia. Con este análisis queremos estudiar las relaciones que se pueden establecer con las diferentes categorías del sistema taxonómico. Para ello, se han vinculando los criterios de dos en dos.

Seguidamente se expondrá, a modo de ejemplo, los resultados de la relación entre las categorías *zonas* del posicionamiento en el ring y las *distancias de combate* (ver Tabla 13).

Tabla 13. Análisis descriptivo de la relación de los criterios: *Zona* y *Distancia de combate*.

Distancias	Zonas						Totales
	Z1			Z2			
	Frc.	%F	%C	Frc.	%F F	%C	
X	83	66	3	43	34	4,3	126
L	1959	73	84	730	27	74	2689
M	257	59	11	181	41	18	438
C	40	56	1.7	31	44	3	71
K	7	50	0,3	7	50	0,7	14
Totales	2346	70	100	992	30	100	3338

Nota. Frc. son las frecuencias observadas, %F, es frecuencia relativa de fila, y %C, es frecuencia relativa de columna.

Como podemos apreciar, en la tabla anterior, el comportamiento más destacado que se registra de las acciones tanto ofensivas como defensivas, sucede en la distancia de combate larga (2689), representando el 80,5 % del total de las referidas acciones observadas; por su parte, se puede señalar como otro dato de interés el hecho de que se registren acciones (126) en la distancia de combate extra-larga (X), a pesar de ser ésta una longitud en la que es improbable que los boxeadores hagan efectiva cualquier acción. Las distancias corta (C) y cuerpo a cuerpo (K) son muy poco empleadas a la hora de desarrollar las distintas acciones técnico-tácticas, representando a penas un 2 y 0,4 del porcentaje total de las distancias de combates registradas. Resaltar por último que el 70 % de los registros en las distancias anteriormente referidas se realizaron en la Z1.

Continuando con los estadísticos exploratorios sería oportuno asumir la realización de un análisis secuencial. Este tipo de análisis nos permitirá proponer un orden de los acontecimientos, las transiciones o encadenamientos que ocurren durante un combate de boxeo.

Análisis secuencial

El análisis secuencial permite detectar la existencia de configuraciones estables de comportamiento estructuradas en base al orden de las conductas, de forma que dichas estructuras denominadas patrones de conducta tengan un grado de intensidad o conexión asociativa entre los elementos mayor que el que existiera si solamente actuase el azar (Anguera, 1983). En el referido análisis secuencial se desarrollan dos perspectivas. Por una parte, la prospectiva, contemplando el sentido "hacia adelante", tal cual se produce la ocurrencia de la conducta y, por otra, la retrospectiva en sentido "hacia atrás" que nos proporciona una imagen concreta del patrón de conducta que permite contemplar las dos vertientes del diseño diacrónico intensivo secuencial.

En la Tabla 14, a modo de ejemplo, se expone el resumen de los patrones excitatorios prospectivos obtenidos en el más reciente estudio realizado.

Tabla 14. Resumen de los patrones excitatorios prospectivos.

Conducta criterio	Conductas condicionadas				
	R+1	R+2	R+3	R+4	R+5
Distancia de combate	**Tipos de ataques y defensas**				
X	ADS ADC	DE			
L	DE DA				
M	ADS				
Modos de ataques	**Tipos de ataques y defensas**				
R	CAR	ADS			
G	ADS				
Pr	ADC	ADC	Ø	ADC	ADC
RCr	ADC	ADC			
RCG	ADC	ADC	Ø	ADC	
Modos de defensas	**Tipos de ataques y defensas**				
pP	ADC	Ø	ADC		
xFT	CAR	Ø	DE		
xTT	CAR				
Tipos de ataques y defensas	**Modos de ataques**				
ADS	Ø	R	R	R	
CAR	R				
CAE	R				
Tipos de ataques y defensas	**Modos de defensas**				
ADS	xD xP				
CAR	PxP				
Distancia de combate	**Modos de ataques**				
L	R				
Distancia de combate	**Modos de defensas**				
L	xD				

A modo de conclusión podemos plantear que el sistema observacional *SOBOX* permitirá el análisis y la descripción de las acciones técnico-tácticas del boxeo de rendimiento. El análisis de las acciones técnico-tácticas del boxeo nos ayudará a conocer las relaciones que existen entre los distintos elementos del campo táctico de este deporte, el flujo de las conductas estratégicas, el uso de espacio, los contextos de interacción, así como las tendencias de las distintas secuencias de acciones que ocurren durante un combate o evento boxístico. Mediante la descripción, en definitiva, se logrará establecer, a grandes rasgos, los patrones de conducta de un competidor, un equipo, una selección, un evento o competición determinada, permitiendo diagnosticar esta realidad y, con ello, conocer y tipificar en términos técnico-tácticos los combates de boxeo.

Las aplicaciones del SOBOX se identifican con tres aristas fundamentales relacionadas con la selección deportiva en el boxeo, el control del entrenamiento, así como la preparación del deportista, concretamente la que se refiere al aspecto táctico. Seguidamente detallaremos y justificaremos nuestras consideraciones.

El proceso de selección deportiva tiene como principal objeto la identificación temprana del talento deportivo y este es definido, esencialmente, como una disponibilidad excepcional o superior a la media poblacional de sus capacidades y/o habilidades (Hahn, 1988; Salanellas, 1996; Romero, 2007). Partiendo de esta realidad, consideramos que el conjunto de criterios y categorías que el SOBOX propone, pueden ser perfectamente empleados como criterios de medida del ejercicio competitivo del boxeo en la identificación y desarrollo de los talentos para el boxeo.

El control del entrenamiento deportivo es un proceso orientador, mediante el cual se contrastan de manera objetiva la situación real del deportista y el plan de entrenamiento, a partir de la evaluación de los diferentes aspectos de la preparación del deportista desde los ámbitos del entrenamiento y la competición. Si dicho proceso es objetivo, en la medida que es medible y, como hemos demostrado en nuestro trabajo, no existe constancia de la existencia de una herramienta observacional que permita la descripción y el análisis de las acciones técnico-tácticas en el boxeo de rendimiento, podemos considerar que la aplicación del SOBOX brindará la vía para la medición del conjunto de acciones descritas, permitiendo además una evaluación concreta a partir de las interacciones entre los competidores y los patrones de conducta obtenidos.

Desde la aparición del concepto de preparación del deportista definido por Matveev (1966), se contempla como uno de los aspectos fundamentales de este la preparación técnico-táctica. En este caso, consideramos que a partir de la aplicación del SOBOX, es posible un reordenamiento objetivo de este contenido de la preparación técnico-táctica sobre la base de la caracterización de boxeadores, grupo de divisiones, torneos, etc., en términos medibles a partir del establecimiento de los patrones de conducta.

Para la profundización y el estudio de forma detallada de la herramienta observacional que analiza este capítulo, se sugiere consultar la obra: **ESCUELA CUBANA DE BOXEO / Análisis de las acciones técnico-tácticas (SOBOX)**.

BIBLIOGRAFÍA.

- AIBA. (2010). *Técnica y Competición*. [Extraído el 11 de marzo del 2010 desde http://www.aiba.org/default.aspx?pId=183#].
- Alfonso, J. (1988). *Puños Dorados*. Santiago de Cuba: Editorial Oriente.
- Anguera, M. T. (1988). *Observación en la escuela*. Barcelona: Graó.
- Anguera, M. T. (1990). Metodología observacional. En *Amau, J., Anguera, M. T. y Gómez Benito, J. Metodología de la investigación en Ciencias del comportamiento (pp.125-236)*. Murcia: Universidad de Murcia.
- Anguera, M. T. (1994). Metodología observacional en evaluación conductual. En *R. Fernández-Ballesteros (Dir.). Evaluación conductual hoy (pp.197-263)*. Madrid: Piramide.
- Anguera, M. T. (1997). From prospective patterns in behavior to joint analysis with a retrospective perspective. En *Coloque sur invitation "Méthologie d'analyse des interactions sociais"*. Paris: Université de la Sorbonne.
- Anguera, M. T. y Blanco, A. (2003). Registro y codificación en el comportamiento deportivo. En *A. Hernández-Mendo (Coord.), Psicología del Deporte (Vol.2). Metodología (pp.6-34)*. Buenos Aires: Efdeportes.
- Aragundi, C. A. (2006). *Observación y Análisis de la acción en voleibol*. Tesis Doctoral: Universidad de Málaga.
- Ardá, A. (1998). *Análisis de los patrones de juego en el Futbol a 7. Estudio de las acciones ofensivas*. Tesis Doctoral no publicada. Universidad de La Coruña.
- Ardá, T. y Casal, C. (2003). *Metodología de la enseñanza del futbol*. Barcelona: Editorial Paidotribo.
- Balmaseda, A. M. (2004). *Estudio diagnóstico del proceso de selección de los posibles talentos deportivos para la práctica del Boxeo, a lo largo de la pirámide del alto rendimiento en Cuba*. Trabajo de Diploma. La Habana, ISCF "Manuel Fajardo".
- Balmaseda, A. M. (2009). *Entrenamiento Deportivo / Una disciplina científica*. Sevilla: Editorial Wanceulen.
- Balmaseda, A. M. (2009). *Escuela Cubana de Boxeo / Sistema de selección deportiva*. Sevilla: Editorial Wanceulen.
- Balmaseda, A. M. (2009). *Escuela Cubana de Boxeo / Su enseñanza y preparación técnica*. Sevilla: Editorial Wanceulen.
- Balmaseda, A. M. (2009). *ISA Integral / Sistema para la valoración de la aptitud deportiva*. Sevilla: Editorial Wanceulen.
- Balmaseda, A. M. (2010). *Análisis de las acciones técnico-tácticas del boxeo de rendimiento*. Tesis Doctoral: Universidad del País Vasco.
- Balmaseda, A. M. y R. Fernández (2011). *Escuela Cubana de Boxeo / Las mascotas del entrenador de Boxeo*. Sevilla: Editorial Wanceulen.
- Bertalanffy, V. L. (1976). *Teoría General de los Sistemas*. Madrid: Editorial F.C.E. España S.A.
- Bouet, M. (1968). *Signification du sport*. París: P.U.F.
- Calero Pérez, N. (1996). *Tecnología educativa, realidades y perspectivas*. Peru: Editorial San Marcos.

- Castellano, J. (2000). *Observación y análisis de la acción de juego en el fútbol.* Tesis Doctoral: Universidad del País Vasco.
- Cayero, R. (2008*). Observación de la acción de juego del voleibol: análisis secuencial y de variabilidad.* Tesis doctoral no publicada: Universidad de Málaga.
- Copello, M. (2005). *El Arte de enseñar judo.* Caracas: Fondo Editorial Andrés Eloy Blanco.
- Degtiariov, I. P. y col. (1983). *Boxeo. Libro destinado a los institutos de cultura física.* Moscú: Editorial Raduga.
- Domínguez, J. y J. L. Llano (1987). *Preparación básica del boxeador.* La Habana: Editorial Científico-Técnica.
- Durand, G. (1969). *Adolescent et les sports.* París: P.U.F.
- Garay, O. (2003). *Observación y análisis de la acción de juego del tenis de dobles.* Tesis Doctoral: Universidad de Málaga.
- Gorospe, G. (1999). *Observación y análisis en el tenis de individuales. Aportaciones del análisis secuencial y de las coordenadas polares.* Tesis Doctoral: Universidad del País Vasco.
- Gradopólov, K. (1979). Reseña historica sobre el desarrollo del Boxeo. En: *Boxeo. Libro destinado a los institutos de cultura física.* Moscú: Raduga.
- Grosser, M. (1988). *Principios del entrenamiento deportivo.* Barcelona: Editorial Martínez Roca.
- Hahn, E.(1988) Entrenamiento con niños. Teoría-practica, problemas específicos. México, Editorial Martínez Roca.
- Hernández-Mendo, A. (1996). *Observación y análisis de patrones de juego en deportes sociomotores.* Tesis Doctoral: Universidad de Santiago de Compostela.
- Hernández-Mendo, A. (1996). *Observación y análisis de patrones de juego en deportes sociomotores.* Tesis Doctoral: Universidad de Santiago de Compostela.
- Knapp, B. (1979). *La habilidad en el deporte.* Valladolid: Miñón.
- Mahlo, F. (1981) *La acción táctica en el juego.* La Habana: Pueblo y Educación.
- Matvéiev, L. (1966) *Fundamentos del entrenamiento deportivo.* Moscú: Editorial Ráduga.
- Ogurenkov, E. (1966). *Boxeo contemporáneo.* Moscú: Cultura Física y Deporte.
- Ortega, V. J. (1986). *El látigo del jab sobre los rostros.* La Habana: Editorial Abril de la UJC.
- Ortega, V. J. y E. Menéndez (1980). *Kid Chocolate. El boxeo soy yo.* La Habana: Editorial Orbe.
- Parlebas, P. (1974). Analyse mathématique élémentaire d'un jeu sportif. *Mathématiques et Sciences Humaines, 47,* 5-35.
- Parlebas, P. (1981). *Contribution a un lexique commenté en science de l'action motrice.* Paris: Publications I.N.S.E.P.
- Parlebas, P. (1988). *Elementos de sociología del deporte.* Málaga: Unisport Andalucía.
- Parlebas, P. (2001). *Juegos, deporte y sociedad. Léxico de praxiología motriz.* Barcelona: Paidotribo.
- Parlebas, P. (2003). *Un nuevo paradigma en educación física: los dominios de acción motriz.* III Congreso FIEP. Cáceres.
- Perea, A. (2008). *Análisis de las acciones colectivas en el futbol de rendimiento.* Tesis Doctoral. San Sebastián: Universidad del País Vasco.

- Ramos, O. (1981). *Cuentos de boxeo*. La Habana: Editorial Arte y Literatura.
- Sautu, L. (2010). *Observación y análisis de la acción de juego en baloncesto ACB*. Tesis doctoral no publicada: Universidad del País Vasco.
- Solanellas, F. (1996). *Los Centros de Tecnificación: Búsqueda de talentos*. Apunts: Educación Física y Deporte. Cataluña. No. 44-45.
- Usabiaga, O. (2005). *Descripción y análisis de la pelota vasca: aplicación en mano parejas*. Tesis Doctoral. San Sebastián: Universidad del País Vasco.
- Weineck, J. (1988). *Entrenamiento óptimo*. Barcelona: Editorial Hispano/Europea.
- Zatsiorski, V. M. (1989). *Metrología Deportiva*. Moscú: Editorial Planeta.

www.ingramcontent.com/pod-product-compliance
Lightning Source LLC
Chambersburg PA
CBHW080249170426
43192CB00014BA/2616